New 가나다

KOREAN

for Foreigners

WORKBOOK

Elementary

가나다한국어학원
(GANADA KOREAN LANGUAGE INSTITUTE)
Tel 02-332-6003 / Fax 02-332-6004
http://www.ganadakorean.com
ganada@ganadakorean.com

GANADA KOREAN LANGUAGE INSTITUTE is the first Korean Language Institute in Korea since 1991, to be the only qualified, private school dedicated exclusively to Korean language education.
<NEW가나다KOREAN> was created by GKLI staffs.

HangeulPark
300 Jahamun-ro, Jongno-gu
Seoul 110-020, KOREA

- Price: 11,000 Won
- For all inquiries: Tel_ 1588-1582
                       Fax_ 0502-989-9592
                       E-mail_ book_korean@sisadream.com
                       Homepage_ www.sisabooks.com

ISBN   978-89-5518-917-9 14710
        978-89-5518-916-2 (set)

Printed in Korea

New 가나다 KOREAN

for Foreigners

WORKBOOK

Elementary

한글파크

교재 집필 가나다한국어학원 교재 연구회

New 가나다KOREAN WORKBOOK - Elementary 1

초판발행	2005년 7월 25일
개정판발행	2010년 10월 20일
개정판 14쇄	2023년 1월 31일

저자	가나다한국어학원 교재 연구부
책임 편집	권이준, 양승주, 김아영
펴낸이	엄태상
콘텐츠 제작	김선웅, 장형진
마케팅	이승욱, 왕성석, 노원준, 조성민, 이선민
경영기획	조성근, 최성훈, 정다운, 김다미, 최수진, 오희연
물류	정종진, 윤덕현, 신승진, 구윤주

펴낸곳	한글파크
주소	서울시 종로구 자하문로 300 시사빌딩
주문 및 교재 문의	1588-1582
팩스	0502-989-9592
홈페이지	http://www.sisabooks.com
이메일	book_korean@sisadream.com
등록일자	2000년 8월 17일
등록번호	제300-2014-90호

ISBN	978-89-5518-917-9 14710
	978-89-5518-916-2 (set)

머리말

〈New가나다KOREAN WORKBOOK〉은 〈New가나다KOREAN〉으로 한국어를 공부하시는 분들의 학습을 돕기 위해 출판된 책입니다.

〈New가나다KOREAN〉에서는 말하기와 듣기, 읽기 및 활동 등을 통해 한국어를 체계적으로 익힐 수 있도록 구성하였고 〈New가나다KOREAN WORKBOOK〉에서는 쓰기 연습을 통해 배운 문법과 어휘를 정확하게 이해했는지 확인할 수 있게 하였습니다.

각 과마다 연습 문제가 있고 다섯 과가 끝날 때마다 복습 문제가 있어서 다섯 과의 문법을 종합하여 다시 검토할 수 있고 혼자 공부하는 학생은 뒤에 실린 해답을 보고 스스로 체크할 수 있습니다.

〈New가나다KOREAN WORKBOOK〉을 통하여 〈New가나다KOREAN〉으로 공부하는 여러분의 한국어 실력이 더욱 향상되기를 바랍니다. 또한 한국어에 관심을 갖고 공부하시는 분들께 도움이 될 수 있도록 저희 가나다한국어학원 교재 연구회는 앞으로도 계속하여 한국어 교재 개발에 힘쓸 것을 약속드립니다.

저희 교재를 사랑해 주시는 많은 분들께 감사드리며, 이 책을 출판할 수 있도록 도와주신 랭기지플러스에도 감사드립니다.

가나다한국어학원 교재 연구회

차례

차례

모음 Ⅰ

1 모음을 쓰십시오.

아	야	어	여	오	요	우	유	으	이

2 그림을 보고 단어를 쓰십시오.

아	이

오	이

우	유

3 단어를 쓰십시오.

아	우

여	우

이	유

1 자음을 쓰십시오.

가	갸	거	겨	고	교	구	규	그	기

나	냐	너	녀	노	뇨	누	뉴	느	니

2 그림을 보고 단어를 쓰십시오.

가	구

야	구

아	기

3 단어를 쓰십시오.

고	기

나	이

누	나

자음(ㄷ,ㄹ)

1 자음을 쓰십시오.

다	댜	더	뎌	도	됴	두	듀	드	디

라	랴	러	려	로	료	루	류	르	리

2 그림을 보고 단어를 쓰십시오.

구	두

다	리

라	디	오

3 단어를 쓰십시오.

우	리

나	라

기	러	기

자음(ㅁ,ㅂ)

1 자음을 쓰십시오.

마	먀	머	며	모	묘	무	뮤	므	미

바	뱌	버	벼	보	뵤	부	뷰	브	비

2 그림을 보고 단어를 쓰십시오.

나	무

바	다

고	구	마

3 단어를 쓰십시오.

부	모

비	누

어	머	니

1 자음을 쓰십시오.

사	샤	서	셔	소	쇼	수	슈	스	시

자	쟈	저	져	조	죠	주	쥬	즈	지

2 그림을 보고 단어를 쓰십시오.

버	스

모	자

바	지

3 단어를 쓰십시오.

주	스

수	저

아	버	지

자음(ㅊ,ㅋ)

1 자음을 쓰십시오.

차	챠	처	쳐	초	쵸	추	츄	츠	치

카	캬	커	켜	코	쿄	쿠	큐	크	키

2 그림을 보고 단어를 쓰십시오.

기	차

치	마

고	추

3 단어를 쓰십시오.

치	즈

코

크	리	스	마	스

자음(ㅌ,ㅍ,ㅎ)

1 자음을 쓰십시오.

타	탸	터	텨	토	툐	투	튜	트	티

파	퍄	퍼	펴	포	표	푸	퓨	프	피

하	햐	허	혀	호	효	후	휴	흐	히

2 그림을 보고 단어를 쓰십시오.

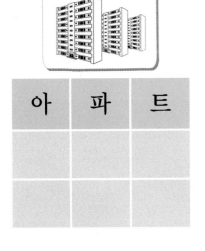

아	파	트

커	피

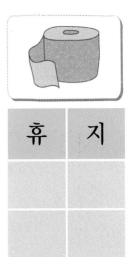

휴	지

제2과 모음 Ⅱ
자음 Ⅱ

모음 Ⅱ

1 모음을 쓰십시오.

애	애	에	예	와	왜	외	워	웨	위	의

2 그림을 보고 단어를 쓰십시오.

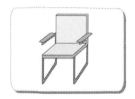

의	자

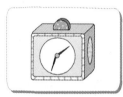

시	계

카	메	라

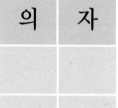

가	위

돼	지

사	과

14

3 단어를 쓰십시오.

개	미

지	우	개

노	래

가	게

교	과	서

제	주	도

회	사

쇠	고	기

케	이	크

세	계

더	워	요

웨	이	터

겹자음(ㄲ, ㄸ)

1 겹자음을 쓰십시오.

까	꺄	꺼	껴	꼬	꾜	꾸	뀨	끄	끼

따	땨	떠	뗘	또	뚀	뚜	뜌	뜨	띠

2 그림을 보고 단어를 쓰십시오.

까	치

코	끼	리

토	끼

3 단어를 쓰십시오.

꾸	러	미

머	리	띠

뛰	다

겹자음(ㅃ, ㅆ, ㅉ)

1 겹자음을 쓰십시오.

빠	뺘	뻐	뼈	뽀	뾰	뿌	쀼	쁘	삐

싸	쌰	써	쎠	쏘	쑈	쑤	쓔	쓰	씨

짜	쨔	쩌	쪄	쪼	쬬	쭈	쮸	쯔	찌

2 그림을 보고 단어를 쓰십시오.

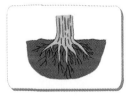

뿌	리

쓰	레	기

찌	개

3 단어를 쓰십시오.

아	빠

예	쁘	다

아	저	씨

받침

1 그림을 보고 단어를 쓰십시오.

수	박

맥	주

책

자	전	거

사	진

신	문

젓	가	락

햇	빛

꽃

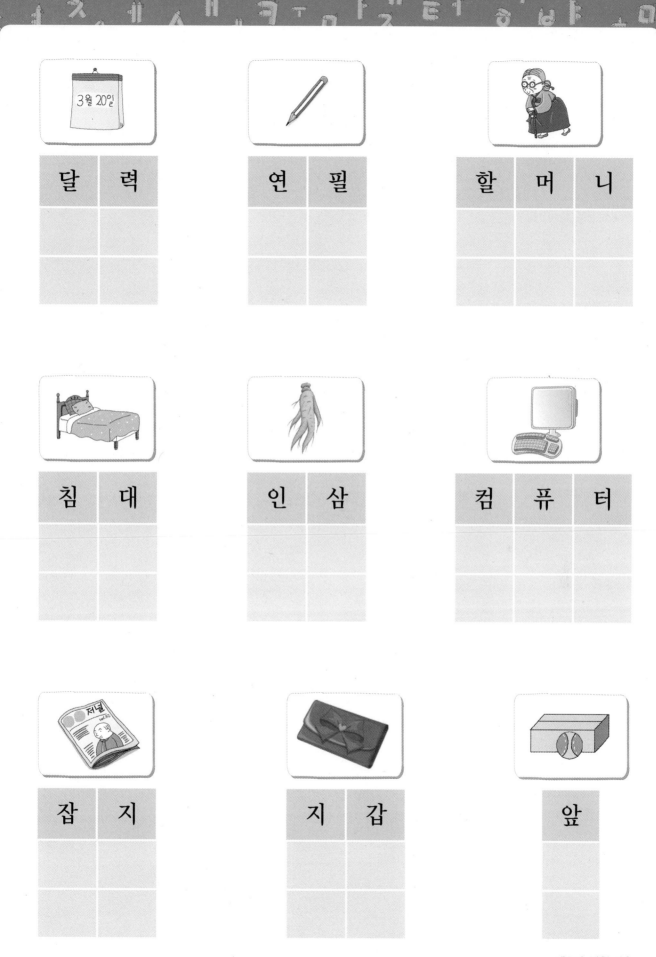

달 력

연 필

할 머 니

침 대

인 삼

컴 퓨 터

잡 지

지 갑

앞

안	경

책	상

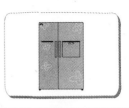

냉	장	고

2 단어를 쓰십시오.

닭

값

여	덟

싫	어	요

많	이

읽	어	요

앉	으	세	요

3 그림을 보고 단어를 쓰십시오.

1)

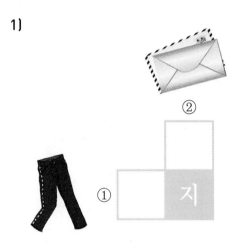

2)

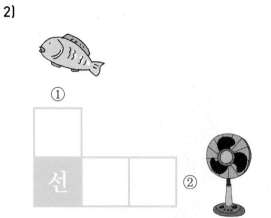

3)

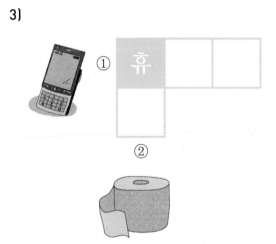

4)

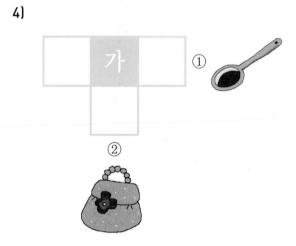

5)

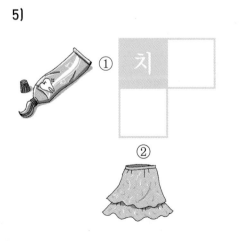

6)

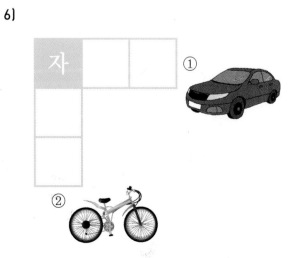

제**4**과   –입니다 (사람)
　　　　　저는 –입니다

–입니다 (사람)

1 그림을 보고 쓰십시오.

보기

　　　　선생님입니다.

1)

_____.

2)

_____.

3)

_____.

4)

_____.

5)

_____.

6)

_____.

7)

_____.

8)

_____.

22

저는 -입니다

2 그림을 보고 쓰십시오.

보기

(피에르 / 프랑스 사람)

제 이름은 피에르입니다.

저는 프랑스 사람입니다.

1)

(요시코 / 일본 사람)

제 이름은 _____.

저는 _____.

2)

(류창 / 중국 사람)

_____.

_____.

3)

(김영민 / 한국 사람)

_____.

_____.

4)

(마이클 / 미국 사람)

_____.

_____.

5)

(수잔 / 호주 사람)

_____.

_____.

6)

(나타샤 / 러시아 사람)

_____ .

_____ .

7)

(페트라 / 인도 사람)

_____ .

_____ .

3 그림을 보고 쓰십시오.

(왕신 / 중국 사람)

안녕하십니까?

반갑습니다.

제 이름은 왕신입니다.

저는 중국 사람입니다.

회사원입니다.

1)

(야마네 / 일본 사람)

_____

_____

_____

_____

_____

_____

2)

(데니스 / 미국 사람)

_____

_____

_____

_____

_____

_____

4 문장을 쓰십시오.

안	녕	하	십	니	까	?						
안	녕	하	십	니	까	?						

안	녕	히		가	십	시	오	.				
안	녕	히		가	십	시	오	.				

안	녕	히		계	십	시	오	.				
안	녕	히		계	십	시	오	.				

제		이	름	은		김	은	영	입	니	다	.
제		이	름	은		김	은	영	입	니	다	.

반	갑	습	니	다	.							
반	갑	습	니	다	.							

제5과

-입니다 (물건)
-의 -입니다
-이/가 아닙니다

-입니다 (물건)

1 그림을 보고 쓰십시오.

보기
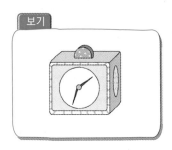

시계입니다.

1)

_____ .

2)

_____ .

3)

_____ .

4)

_____ .

5)

_____ .

6)

_____ .

7)
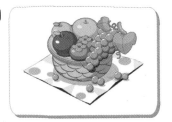

_____ .

8)

_____ .

2 그림을 보고 대화를 완성하십시오.

보기

가 : 이것이 무엇입니까?

나 : 필통입니다   .

1)

가 : 저것이 무엇입니까?

나 : _____.

2)

가 : _____?

나 : 휴대폰입니다.

3)

가 : 이것이 무엇입니까?

나 : _____.

4)

가 : _____?

나 : 자전거입니다.

5)

가 : 그것이 무엇입니까?

나 : _____.

-의 -입니다

3 그림을 보고 쓰십시오.

우리 교실

보기

우리 선생님입니다.

1) _____.

2) _____.

3) _____.

4) _____.

5) _____.

-이/가 아닙니다

4 대답을 쓰십시오.

보기

가 : 이것이 책상입니까? (의자)

나 : 아니요, 책상이 아닙니다. 의자입니다.

1) 가 : 영국 사람입니까? (호주 사람)

　　나 : 아니요, _____.

2) 가 : 이 사람이 친구입니까? (동생)

　　나 : 아니요, _____.

3) 가 : 회사원입니까? (학생)

　　나 : 아니요, _____.

4) 가 : 이것이 영어 교과서입니까? (한국어 교과서)

　　나 : 아니요, _____.

1 제 방입니다. 그림을 보고 알맞은 단어를 골라 쓰십시오.

전자사전　　컴퓨터　　모자　　침대　　의자　　옷　　우산　　시계

보기

제 시계입니다.

1) _____ .

2) _____ . 　　3) _____ .

4) _____ . 　　5) _____ .

6) _____ . 　　7) _____ .

2 알맞은 조사를 고르십시오.

1) 이것(이 / 가) 무엇입니까?

2) 제 이름(은 / 는) 수잔 하워드입니다.

3) 저(가 / 는) 학생(이 / 가) 아닙니다.

4) 누구(가 / 의) 휴대폰입니까?

5) 저것(은 / 는) 창문입니다

3 대화를 완성하십시오.

1) 가 : 이것이 ① _____ ?

　 나 : 삼계탕입니다.

　 가 : 일본 음식입니까?

　 나 : 아니요, ② _____ .

2) 가 : 안녕하십니까?

　 나 : 네, ① _____ ?

　 가 : 저는 정민태입니다. 반갑습니다.

　 나 : ② _____ .

　 가 : 중국 사람입니까?

　 나 : 아니요, ③ _____ .

　 　 저는 ④ _____ .

4 명함을 보고 대답을 쓰십시오.

(주)코리아 전자

KOREA electronic

과장 박 민 수

서울시 마포구 동교동 201-1
Tel　　(02) 332-6003
Fax　　(02) 332-6004
Mobile 010-3322-6003
Email　pms@hanmail.net

1) 이름이 무엇입니까?

2) 직업이 무엇입니까?

3) 회사 이름이 무엇입니까?

4) 박민수 씨가 부장님입니까?

이/그/저 –
-(스)ㅂ니까?/ -(스)ㅂ니다

이/그/저 –

1 대답을 쓰십시오.

> **보기**
>
> 가 : 이분은 누구입니까? (우리 어머니)
>
> 나 : <u>우리 어머니입니다.</u>

1) 가 : 이분은 누구입니까? (우리 아버지)

　　나 : _____ .

2) 가 : 저 사람들은 누구입니까? (우리 회사 사람들)

　　나 : _____ .

3) 가 : 그 남자는 누구입니까? (히로미 씨 동생)

　　나 : _____ .

4) 가 : 저 아이는 누구입니까? (제 아들)

　　나 : _____ .

2 알맞은 단어를 고르십시오.

1) 가 : 그 (여자는 / 남자는) 누구입니까?

　　나 : 상우 씨의 누나입니다.

2) 가 : 그분이 부인입니까?

　　나 : 네, 제 (부인 / 아내)입니다.

3) 가 : 저 남자는 누구입니까?

　　나 : 이미영 씨 (남편 / 언니)입니다.

4) 가 : 이분들은 누구십니까?

　　나 : (우리 할머니 / 우리 부모님)입니다.

-(스)ㅂ니까? / -(스)ㅂ니다

3 다음 표를 완성하십시오.

	-ㅂ니까?	-ㅂ니다
가다		갑니다
오다	옵니까?	
사다		
보다		
만나다		만납니다
마시다		
기다리다	기다립니까?	
공부하다		
운동하다		운동합니다

	-습니까?	-습니다
먹다	먹습니까?	
읽다		읽습니다
받다		
입다		입습니다

4 그림을 보고 쓰십시오.

가 : <u>탑니까?</u>

나 : <u>네, 탑니다.</u>

1)

가 : _____?

나 : _____.

2)

가 : _____?

나 : _____.

3)

가 : _____ ?

나 : _____ .

4)

가 : _____ ?

나 : _____ .

5)

가 : _____ ?

나 : _____ .

6)

가 : _____ ?

나 : _____ .

7)

가 : _____ ?

나 : _____ .

8)

가 : _____ ?

나 : _____ .

5 대화를 완성하십시오.

> 보기
>
> 가 : 누가 배웁니까? (학생들)
>
> 나 : 학생들이 배웁니다.

1) 가 : 누가 요리합니까? (어머니)

나 : _____ .

2) 가 : 누가 기다립니까? (친구들)

나 : _____ .

3) 가 : 누가 _____? (박 선생님)

나 : _____ 가르칩니다.

4) 가 : _____ 읽습니까? (왕웨이 씨)

나 : _____ .

제7과 -을/를 있다/없다

~을/를

1 알맞은 조사를 고르십시오.

1) 빵(을 / 를) 먹습니까?

2) 친구(을 / 를) 만납니다.

3) 영어(을 / 를) 가르칩니까?

4) 사장님(을 / 를) 기다립니다.

5) 일(을 / 를) 합니까?

2 다음의 명사와 동사로 문장을 쓰십시오.

명사
기차 책 우유 선물 영화 운전

동사
읽다 타다 하다 마시다 받다 보다

보기
기차를 탑니다.

1) _____.

2) _____.

3) _____.

4) _____.

5) _____.

3 알맞은 조사를 쓰십시오.

1) 제(   ) 한국말(   ) 공부합니다.

2) 학생들(   ) 숙제(   ) 합니까?

3) 제니 씨(   ) 영어(   ) 가르칩니까?

4) 동생(   ) 삼계탕(   ) 먹습니다.

5) 이 선생님(   ) 이야기(   ) 합니다.

4 그림을 보고 쓰십시오.

보기

꽃을 삽니다.

1) _____ .

2) _____ .

3) _____ .

4) _____ .

5) _____ .

5 대답을 쓰십시오.

보기

가 : 무엇을 탑니까? (지하철)

나 : 지하철을 탑니다.

1) 가 : 무엇을 가르칩니까? (일본말)

　 나 : _____ .

2) 가 : 누구를 만납니까? (대학교 친구들)

　 나 : _____ .

3) 가 : 야마다 씨가 무엇을 합니까? (운동)

　 나 : _____ .

4) 가 : 사람들이 무엇을 먹습니까? (불고기)

　 나 : _____ .

6 그림을 보고 대답을 쓰십시오.

보기

가 : 의자가 있습니까?

나 : 네, 의자가 있습니다.

가 : 텔레비전이 있습니까?

나 : 아니요, 텔레비전이 없습니다.

1) 가 : 우산이 있습니까?

　　나 : _____.

2) 가 : 책이 있습니까?

　　나 : _____.

3) 가 : 언니가 있습니까?

　　나 : _____.

4) 가 : 남동생이 있습니까?

　　나 : _____.

5) 가 : 계란이 있습니까?

　　나 : _____.

6) 가 : 수박이 있습니까?

　　나 : _____.

제8과 -(으)시
-(으)십시오

-(으)시

1 다음 표를 완성하십시오.

	-(으)십니까?	-(으)십니다	-(으)십시오
가다			가십시오
오다	오십니까?		
사다			
하다	하십니까?		
쉬다			
만나다			
기다리다			기다리십시오
읽다		읽으십니다	
앉다	앉으십니까?		
받다			받으십시오

	-(으)십니까?	-(으)십니다	-(으)십시오
자다(주무시다)	주무십니까?		
먹다(잡수시다/드시다)			
마시다(드시다)		드십니다	
있다(계시다)			계십시오

2 대화를 완성하십시오.

보기

가 : 꽃을 사십니까?
나 : 네, 꽃을 삽니다.

보기

가 : 할머니께서 주무십니까?
나 : 네, 할머니께서 주무십니다.

1) 가 : 한국말을 공부하십니까?
   나 : 네, _____.

2) 가 : 양복을 입으십니까?
   나 : 네, _____.

3) 가 : _____?
   나 : 네, 김치를 먹습니다.

4) 가 : _____?
   나 : 네, 택시를 탑니다.

5) 가 : _____?
   나 : 네, 숙제를 합니다.

6) 가 : 할아버지께서 커피를 드십니까?
   나 : 네, _____.

7) 가 : _____?
   나 : 네, 아버지께서 신문을 읽으십니다.

8) 가 : 부모님이 계십니까?
   나 : 네, _____.

9) 가 : 누가 한국말을 가르치십니까? (이지영 선생님)
   나 : _____.

-(으)십시오

3 그림을 보고 쓰십시오.

보기

(책을 읽다)

<u>책을 읽으십시오.</u>

1)

(이름을 쓰다)

_____.

2)

(잠깐만 기다리다)

_____.

3)

(여기에 앉다)

_____.

4)

(많이 드시다)

_____.

5)

(먼저 타다)

_____.

6)

(매일 운동하다)

_____.

7)

(쉬다)

_____.

40

제9과

-에 -(으)러 가다
-에서
-에/-에서

-에 -(으)러 가다

1 그림을 보고 대화를 완성하십시오.

보기

가 : 어디에 가십니까?

나 : 우체국에 갑니다.

가 : 왜 우체국에 가십니까?

나 : 편지를 부치러 갑니다.

1)

가 : 어디에 가십니까?

나 : _____.

가 : 왜 _____에 가십니까?

나 : _____.

2)

가 : 어디에 가십니까?

나 : _____.

가 : 왜 _____에 가십니까?

나 : _____.

3)

가 : 어디에 가십니까?

나 : _____.

가 : 왜 _____에 가십니까?

나 : _____.

2 알맞은 단어를 골라 쓰십시오.

| 백화점 극장 시장 서점 회사 빵집 |

보기

백화점에서 선물을 삽니다.

1) _____ 책을 삽니다.

2) _____ 영화를 봅니다.

3) _____ 케이크를 삽니다.

4) _____ 쇼핑을 합니다.

5) _____ 일합니다.

3 대답을 쓰십시오.

보기

가 : 어디에서 비행기를 타십니까?

나 : 인천 공항에서 비행기를 탑니다.

1) 가 : 어디에서 친구를 만납니까?

   나 : _____.

2) 가 : 어디에서 점심을 먹습니까?

   나 : _____.

3) 가 : 어디에서 한국말을 배우십니까?

   나 : _____.

4) 가 : 어디에서 지하철을 탑니까?

   나 : _____.

4 그림을 보고 쓰십시오.

보기

인사동에 갑니다.

인사동에서 구경을 합니다.

1)

_____.

_____.

2)

_____.

_____.

3)

_____.

_____.

4)

_____.

_____.

숫자 Ⅰ(일,이,삼······)

1 숫자를 한국말로 쓰십시오.

1	2	3	4	5	6	7	8	9	10
일	이	삼	사	오	육	칠	팔	구	십

20	30	40
이십	삼십	사십

100	200	300
백	이백	삼백

1,000	10,000	100,000
천	만	십만

2 숫자를 한국말로 쓰십시오.

> 보기
>
> 189   (백팔십구)

1) 68　　　(　　　　　)　　　2) 2,405　(　　　　　)

3) 37,921　(　　　　　)　　　4) 7,800　(　　　　　)

5) 516　　(　　　　　)　　　6) 146,700　(　　　　　)

3 달력을 보고 날짜를 한국말로 쓰십시오.

보기

3월 6일

삼월 육일

1)

6월 11일

2)

10월 10일

3)

11월 28일

4 그림을 보고 대답을 쓰십시오.

보기

가 : 구두가 얼마입니까?

나 : 구만 팔천원입니다.

1)

가 : 우표가 얼마입니까?

나 : _____ .

2)

가 : 사무실이 몇 호입니까?

나 : _____ .

3)

가 : 몇 번 버스를 타십니까?

나 : _____ .

4)

가 : 저 건물이 몇 층입니까?

나 : _____ .

5)

가 : 휴대폰 번호가 몇 번입니까?

나 : _____ .

5 밑줄 친 곳을 한국말로 쓰십시오.

> **보기**
>
> <u>8월 15일</u>은 공휴일입니다.
>
> ➡ (팔월 십오일)

1) 제 생일은 <u>10월 24일</u>입니다.

   ➡ (   )

2) 저는 <u>2004년 6월 15일</u>에 결혼했습니다.

   ➡ (   )

3) 비빔밥은 <u>8,000원</u>입니다.

   ➡ (   )

4) 이 옷은 <u>237,000원</u>입니다.

   ➡ (   )

5) 학원 전화번호는 <u>332-6003</u>번입니다.

   ➡ (   )

6) 제 휴대폰 번호는 <u>010-7821-4593</u>입니다.

   ➡ (   )

7) 교과서 <u>213쪽</u>을 보십시오.

   ➡ (   )

8) 지하철 <u>2호선</u>을 타십시오. 을지로 <u>3가역</u>에서 내리십시오.

   ➡ (   )

9) 저는 <u>178센티미터</u>(cm), <u>69킬로그램</u>(kg)입니다.

   ➡ (   )

10) 우리 집은 장미 아파트 <u>107동 2104호</u>입니다.

   ➡ (   )

1 알맞은 조사를 쓰십시오.

1) 저분(   ) 누구입니까?

2) 시청역(   ) 지하철(   ) 탑니다.

3) 한국(   ) 무엇(   ) 하십니까?

4) 저(   ) 오빠(   ) 없습니다.

5) 부모님(   ) 한국(   ) 오십니다.

6) 책상(   ) 있습니다.

7) 책(   ) 사러 서점(   ) 갑니다.

8) 이 아이(   ) 제 딸입니다.

2 알맞은 말을 고르십시오.

1) 저는 여동생이 (있습니다. / 입니다.)

2) (신촌에 / 신촌에서) 아르바이트하러 갑니다.

3) 그분은 제 친구가 (아닙니다. / 없습니다.)

4) 저는 (한국에 / 한국에서) 일합니다.

5) 저 사람은 (누구 / 누가)입니까?

6) 생일이 (몇 월 / 몇 달)입니까?

3 밑줄 친 곳을 고치십시오.

1) 여기에서 기다립시오.   ➡ (   )

2) 누구가 공원에서 운동합니까? ➡ (   )

3) 술을 마시습니다.   ➡ (   )

4) 책을 읽러 도서관에 갑니다.   ➡ (   )

5) 육월 육일이 제 생일입니다.   ➡ (   )

6) 안녕히 자십시오.   ➡ (   )

4 알맞은 말을 쓰십시오.

1) 가 : 저 사람이 (   )입니까?

   나 : 우리 선생님입니다.

2) 가 : (   ) 한국말을 배웁니까?

   나 : 제 아내가 한국말을 배웁니다.

3) 가 : 이것은 (   ) 시계입니까?

   나 : 제 친구 시계입니다.

4) 가 : 지금 (   ) 기다리십니까?

   나 : 부모님을 기다립니다.

5) 가 : (   ) 가십니까?

   나 : 회사에 갑니다.

6) 가 : (   ) 책을 읽으십니까?

   나 : 도서관에서 책을 읽습니다.

7) 가 : 오늘이 (   )입니까?

   나 : 8월 12일 입니다.

8) 가 : 이 가방이 (   )입니까?

   나 : 85,000원입니다.

9) 가 : 핸드폰 번호가 (   )입니까?

   나 : 010-3332-6303입니다.

10) 가 : 지하철 (   )을 타십니까?

   나 : 7호선을 탑니다.

제11과

어느 –
–에 있다
–도

어느 –

1 대화를 완성하십시오.

보기

> 신촌역 / 종로 3가역

가 : <u>어느 역에서 타십니까?</u>

나 : <u>신촌역에서 탑니다.</u>

1)

> 시청역 / 명동역

가 : 어느 역에서 내리십니까?

나 : _____ .

2)

> 여의도 공원 / 한강 공원

가 : 어느 공원에 갑니까?

나 : _____ .

3)

> 삼성 컴퓨터 / LG 컴퓨터

가 : 이것은 어느 회사 컴퓨터입니까?

나 : _____ .

4)

> 남대문 시장 / 동대문 시장

가 : _____ ?

나 : 동대문 시장에 갑니다.

5)

> 캐나다 / 중국

가 : _____ ?

나 : 중국 사람입니다.

6)

> 국민 은행 / 우리 은행

가 : _____ ?

나 : 국민 은행에서 일합니다.

7)

> 김 선생님 / 이 선생님

가 : _____ ?

나 : 이 선생님이 가르치십니다.

2 그림을 보고 알맞은 단어를 고르십시오.

1) 우산이 소파 (옆 / 앞)에 있습니다.

2) 시계가 텔레비전 (위 / 뒤)에 있습니다.

3) 고양이가 방 (밖 / 밑)에 있습니다.

4) 서랍 (안 / 아래)에 수건이 있습니다.

5) 테이블 (아래 / 위)에 모자가 있습니다.

6) 소파 (앞 / 옆)에 테이블이 있습니다.

3 지도를 보고 대답을 쓰십시오.

1) 병원이 어디에 있습니까?

2) 식당 위에 무엇이 있습니까?

3) 경찰서 뒤에 무엇이 있습니까?

4) 버스 정류장이 어디에 있습니까?

5) 옷 가게가 어디에 있습니까?

6) 경찰서 옆에 무엇이 있습니까?

-도

4 그림을 보고 쓰십시오.

보기

언니가 있습니다.

남동생도 있습니다.

1)

_____.

_____.

2)

_____.

_____.

3)

_____.

_____.

4)

_____.

_____.

5)

_____.

_____.

제12과 -았/었
-에 (시간)

-았/었

1 다음 표를 완성하십시오.

	-(으)셨습니까?	-았/었습니다
가다		
오다	오셨습니까?	
타다		
만나다		만났습니다
배우다		
가르치다		
일하다		
이야기하다		이야기했습니다
읽다		
입다	입으셨습니까?	
받다		
찾다		

	-(으)셨습니까?	-았/었습니다
먹다(잡수시다/드시다)		
마시다 (드시다)	드셨습니까?	
자다 (주무시다)		
있다 (계시다)		있었습니다

52

2 문장을 완성하십시오.

>
> 지난 주말에 남산에 <u>갔습니다</u>. 사진을 <u>찍었습니다</u>.
> (가다)   (찍다)

1) 어제 집에서 뉴스를 _____. 한국말도 _____.
                    (보다)   (공부하다)

2) 지난 토요일이 친구 _____. 파티를 _____.
                    (생일이다)   (하다)

3) 인사동에서 저녁을 _____. 차도 _____.
                    (먹다)   (마시다)

4) 부모님께서 한국에 _____. 갈비를 _____.
                    (오시다)   (드시다)

5) 아침에 지하철을 _____. 지하철에서 친구를 _____.
                  (타다)   (만나다)

3 읽고 대답을 쓰십시오.

> 4월 20일 일요일
> 오늘은 일요일입니다.
> 저는 오늘 한강 공원에 자전거를 타러 갔습니다.
> 한강 공원은 우리 집 근처에 있습니다.
> 저는 자전거를 탔습니다. 콜라도 마셨습니다.
> 공원에 사람들이 많이 있었습니다.
> 사람들이 사진을 찍었습니다. 축구도 했습니다.

1) 왜 한강 공원에 갔습니까?

2) 한강 공원은 어디에 있습니까?

3) 한강 공원에 사람들이 많이 있었습니까?

4) 사람들이 공원에서 무엇을 했습니까?

4 대답을 쓰십시오.

> 가 : 언제 제주도에 가셨습니까? (작년)
>
> 나 : 작년에 제주도에 갔습니다.

1) 가 : 언제 삼계탕을 드셨습니까? (점심)

    나 : _____ .

2) 가 : 언제 테니스를 치셨습니까? (일요일 오전)

    나 : _____ .

3) 가 : 언제 한국에 오셨습니까? (금년 1월)

    나 : _____ .

4) 가 : 언제 영화를 보셨습니까? (지난주)

    나 : _____ .

5) 가 : 언제 문자 메시지를 받으셨습니까? (오늘 아침)

    나 : _____ .

6) 가 : 언제 친구를 만났습니까? (지난 토요일)

    나 : _____ .

7) 가 : 언제 시험을 봤습니까? (지난달 20일)

    나 : _____ .

8) 가 : 언제 맥주를 마셨습니까? (어제 저녁)

    나 : _____ .

형용사
-고/-지만

형용사

1 그림을 보고 쓰십시오.

보기

날씨가 <u>덥습니다</u>.

1)

방이 _____.

2)

가방이 _____.

3)

목걸이가 _____.

4)

산이 _____.

5)

이 사람이 _____.

6)

꽃이 _____.

7)

음악이 _____.

8)

텔레비전이 _____.

② 문장을 완성하십시오.

보기

> 어제 일을 많이 했습니다. <u>피곤합니다.</u>

1) 이번 주에 약속이 많이 있습니다. _____.

2) 방을 청소했습니다. 방이 _____.

3) 선물을 받았습니다. 기분이 _____.

4) 남대문 시장에서 가방을 샀습니다. 15,000원입니다. 가방이 _____.

5) 어제 술을 많이 마셨습니다. 머리가 _____.

③ 알맞은 단어를 골라 문장을 완성하십시오.

깨끗하다	불편하다	재미있다	좋다	키가 크다	날씬하다
비싸다	친절하다	편리하다	복잡하다	따뜻하다	싸다

보기

> 우리 하숙집이 작지만 <u>깨끗합니다.</u>
> 김밥은 싸고 <u>맛있습니다.</u>

1) 한국말 공부가 어렵지만 _____.

2) 백화점 물건이 _____지만 값이 _____.

3) 그 식당은 음식도 맛있고 _____.

4) 제니 씨는 _____고 _____.

5) 지하철이 _____고 _____.

56

-고 / -지만

4 '-고'나 '-지만'을 사용하여 대답을 쓰십시오.

> 보기
>
> 가 : 오늘 날씨가 어떻습니까?
> 나 : 바람이 불고 춥습니다.
> 비가 오지만 따뜻합니다.

1) 가 : 한국 생활이 어떻습니까?

　나 : ＿＿＿＿＿＿＿＿＿＿＿＿＿＿＿＿＿＿＿＿ .

2) 가 : 이 교과서가 어떻습니까?

　나 : ＿＿＿＿＿＿＿＿＿＿＿＿＿＿＿＿＿＿＿＿ .

3) 가 : 동대문 시장이 어떻습니까?

　나 : ＿＿＿＿＿＿＿＿＿＿＿＿＿＿＿＿＿＿＿＿ .

4) 가 : 오늘 기분이 어떻습니까?

　나 : ＿＿＿＿＿＿＿＿＿＿＿＿＿＿＿＿＿＿＿＿ .

5 그림을 보고 대답을 쓰십시오.

> 보기

가 : 요즘 무엇을 배우십니까?
나 : 한국말도 배우고 태권도도 배웁니다.

1)

가 : 어디가 아프십니까?

나 : _____ .

2)

가 : 어제 인사동에서 무엇을 하셨습니까?

나 : _____ .

3)

가 : 마트에서 무엇을 샀습니까?

나 : _____ .

4)

가 : 여자 친구가 어떻습니까?

나 : _____ .

	제**14**과	숫자 Ⅱ(하나, 둘, 셋……) 단위 명사 (-개, -명, -대……) -에 (단위) 'ㄹ' 불규칙 동사 · 형용사

숫자 Ⅱ(하나, 둘, 셋……)

1 숫자를 한국말로 쓰십시오.

1	2	3	4	5	6	7	8	9	10
하나	둘	셋	넷	다섯	여섯	일곱	여덟	아홉	열

20	30	40	50	60	70	80	90	100
스물	서른	마흔	쉰	예순	일흔	여든	아흔	백

2 명사와 단위 명사를 연결하십시오.

1) 옷 · · ㉮ 대

2) 의자, 가방, 과일 · · ㉯ 명, 분

3) 종이, 우표 · · ㉰ 벌

4) 커피, 차 · · ㉱ 개

5) 사람 · · ㉲ 켤레

6) 자동차, 텔레비전 · · ㉳ 권

7) 책, 사전 · · ㉴ 장

8) 구두, 양말 · · ㉵ 잔

단위 명사 (-개, -명, -대……)

3 그림을 보고 대화를 완성하십시오.

보기

가 : 맥주를 몇 병 마셨습니까?

나 : 세 병 마셨습니다.

1)

가 : 자동차가 몇 _____ 있습니까?

나 : _____.

2)

가 : 커피를 몇 _____ 마십니까?

나 : _____.

3)

가 : 사과를 몇 _____ 샀습니까?

나 : _____.

4)

가 : 책을 몇 _____ 읽었습니까?

나 : _____.

5)

가 : 선생님이 몇 _____ 계십니까?

나 : _____.

4 그림을 보고 문장을 완성하십시오.

보기

라면이 <u>한 그릇에</u> 3,000원입니다.

1)

주스가 _____ _____.

2)

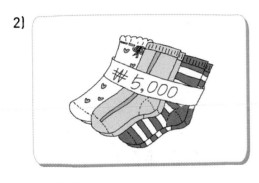

양말이 _____ _____.

3)

자전거가 _____ _____.

4)

사과가 _____ _____.

5)

소고기가 _____ _____.

5 다음 표를 완성하십시오.

	-(스)ㅂ니다	-았/었습니다	-(으)십시오
만들다			만드십시오
살다	삽니다		
알다			*****
팔다			
(전화를) 걸다		걸었습니다	
멀다			*****
길다	깁니다		*****

6 대답을 쓰십시오.

1) 가 : 어디에서 사십니까?

　　나 : _____.

2) 가 : 어머니가 무엇을 잘 만드십니까?

　　나 : _____.

3) 가 : 한국 노래를 아십니까?

　　나 : 네, _____.

4) 가 : 집이 가깝습니까?

　　나 : 아니요, _____.

5) 가 : 몇 시에 은행 문을 엽니까?

　　나 : _____.

6) 가 : 자동차를 파셨습니까?

　　나 : 네, _____.

제15과
-와/과
-겠

-와/과

1 그림을 보고 쓰십시오.

보기

꽃과 카드

카드와 꽃

1)

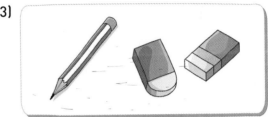
_____

2)

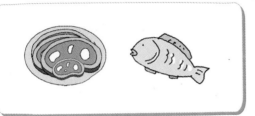
_____

_____

3)

_____

_____

4)

_____

_____

5)

_____

_____

6)

_____

_____

7)

_____

_____

2 그림을 보고 대답을 쓰십시오.

보기

가 : 테이블 위에 뭐가 있습니까?

나 : <u>모자와 가방이 있습니다.</u>
　　<u>모자하고 가방이 있습니다.</u>

1)

가 : 슈퍼에서 무엇을 샀습니까?

나 : _____.

　　_____.

2)

가 : 며칠에 약속이 있습니까?

나 : _____.

　　_____.

3)

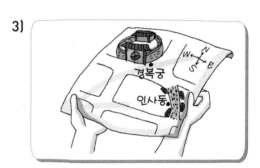

가 : 내일 어디에 갑니까?

나 : _____.

　　_____.

4)

가 : 고향에 누가 계십니까?

나 : _____.

　　_____.

5)

가 : 가나다 학원이 어디에 있습니까?

나 : _____.

　　_____.

3 다음 표를 완성하십시오.

	-(으)시겠습니까?	-겠습니다
기다리다		기다리겠습니다
쉬다		
입다	입으시겠습니까?	
받다		
만들다		
먹다(잡수시다)		
자다(주무시다)		

4 대답을 쓰십시오.

> 가 : 내일 몇 시에 오시겠습니까?
>
> 나 : <u>아침 9시에 오겠습니다.</u>

1) 가 : (한국 식당에서) 무엇을 잡수시겠습니까?

   나 : _____ .

2) 가 : 이번 주말에 무엇을 하시겠습니까?

   나 : _____ .

3) 가 : 어디에 앉으시겠습니까?

   나 : 이 의자에 _____ .

4) 가 : 남대문 시장에서 무엇을 사시겠습니까?

   나 : _____ .

5) 가 : 저녁에 다시 전화하십시오.

   나 : 네, _____ .

5 계획표를 보고 대답을 쓰십시오.

저는 서울에서 한국말을 공부합니다.
제 친구가 다음 주에 한국에 옵니다.
제가 친구를 안내하겠습니다.
친구는 설악산에도 가겠습니다.
다음은 친구의 한국 여행 계획입니다.

- **10월 4일** 4 : 20 인천 공항 도착
- **10월 5일** 인사동, 경복궁, 이태원 구경
                 저녁 식사 예약(인사동의 한식집 '고향')
- **10월 6일 ~ 10월 7일** 설악산
- **10월 8일** 오전 박물관
                 오후 남대문 시장 (선물)
- **10월 9일** 10:40 인천 공항 출발

4일	5일	6일	7일	8일	9일
4 : 20 인천 공항 도착	인사동, 경복궁, 이태원 구경 저녁 식사 예약 (인사동의 한식집 '고향')	↔ 설악산		오전-박물관 오후-남대문 시장 (선물)	10:40 인천 공항 출발

1) 언제 친구를 안내하겠습니까?

2) 10월 5일에는 무엇을 하겠습니까?

3) 설악산에서 며칠 여행하겠습니까?

4) 언제 박물관에 가겠습니까?

1 알맞은 조사를 쓰십시오.

1) 교과서(　　) 책상 위(　　) 있습니다.

2) 냉장고에 맥주가 있습니다. 주스(　　) 있습니다.

3) 작년 8월(　　) 경주(　　) 갔습니다.

4) 이 사과가 5개(　　) 만 원입니다.

5) 가게(　　) 우유(　　) 빵(　　) 샀습니다.

6) 오후(　　) 약속(　　) 있습니까?

7) 오늘 오전(　　) 수업이 있습니다. 내일 오전(　　) 수업이 있습니다.

2 반대 형용사를 연결하십시오.

1) 싸다	㉮ 낮다
2) 좋다	㉯ 작다
3) 깨끗하다	㉰ 나쁘다
4) 덥다	㉱ 재미없다
5) 높다	㉲ 비싸다
6) 크다	㉳ 시끄럽다
7) 어렵다	㉴ 한가하다
8) 재미있다	㉵ 춥다
9) 조용하다	㉶ 더럽다
10) 바쁘다	㉷ 쉽다

3 알맞은 단위 명사를 고르십시오. 숫자와 단위 명사를 쓰십시오.

> 명 잔 병 벌 대 개 번 살 분 그릇 송이 켤레

> 우리 교실에는 남학생이 _3_, 여학생이 _5_ 있습니다.
>   (세 명)   (다섯 명)

1) 여기 콜라 _4_, 맥주 _6_ 주십시오.
        (   ) (   )

2) 어제 커피를 _5_ 마셨습니다.
        (   )

3) 아버지, 어머니 자동차가 _2_, 제 자전거가 _1_ 있습니다.
           (   )   (   )

4) 냉장고에 사과가 _8_, 배가 _4_, 귤이 _7_ 있습니다.
         (   ) (   ) (   )

5) 장미 _10_, 카네이션 _9_ 주십시오.
        (   ) (   )

6) 제 나이는 _34_, 제 아내는 _29_ 입니다.
        (   ) (   )

7) 어제 옷을 _3_, 양말을 _5_ 샀습니다.
        (   ) (   )

8) 작년에 외국 여행을 _2_ 했습니다.
        (   )

9) 우리 학교에는 여자 선생님이 _16_, 남자 선생님이 _28_ 계십니다.
           (   )   (   )

10) 아줌마, 여기 비빔밥 _3_, 냉면 _1_ 주십시오.
        (   ) (   )

4 그림을 보고 이야기를 만드십시오.

보기

지난주에 쇼핑하러 인사동에 갔습니다.

인사동은 광화문 근처에 있습니다.

인사동에서 도자기하고 부채를 샀습니다.

도자기는 비쌌지만 부채는 한 개에

3천원이었습니다. 싸고 좋았습니다.

다음 주에 다시 가겠습니다.

지난주, 인사동, 광화문, 도자기,
부채, 싸다, 좋다, 다음 주

전주 식당, 어제, 맵다,
맛있다, 싸다, 깨끗하다, 내일

-시 -분

1 그림을 보고 시간을 쓰십시오.

보기

한 시 삼십 분

1)

_____

2)

_____

3)

_____

4)

_____

5)

_____

6)

_____

7)

_____

8)

_____

2 그림을 보고 대답을 쓰십시오.

보기

가 : 몇 시에 일어납니까?

나 : 여섯 시 삼십 분에 일어납니다.

1)

가 : 드라마가 몇 시에 시작합니까?

나 : _____

2)

가 : 몇 시에 회의가 끝납니까?

나 : _____

3)

가 : 비행기가 몇 시에 출발합니까?

나 : _____

4)

가 : 몇 시에 은행 문을 엽니까?

나 : _____

5)

가 : 몇 시에 이메일을 보냅니까?

나 : _____

3 그림을 보고 쓰십시오.

저는 아침 7시 30분에 일어납니다.

_____

_____

_____

_____

_____

_____

제17과

-부터 -까지
-전에/-기 전에

-부터 -까지

1 대답을 쓰십시오.

> **보기**
>
> 가 : 몇 시부터 몇 시까지 점심시간입니까? (12:00~1:00)
>
> 나 : <u>12시부터 1시까지 점심시간입니다.</u>

1) 가 : 언제부터 언제까지 여름 방학입니까? (7월 15일~8월 25일)

　　나 : _____.

2) 가 : 몇 시부터 몇 시까지 한국말을 배우십니까? (10시~1시)

　　나 : _____.

3) 가 : 어디에서 어디까지 주차장입니까? (지하 1층~지하 3층)

　　나 : _____.

4) 가 : 언제부터 언제까지 부산에 출장을 가셨습니까? (지난 수요일~이번 화요일)

　　나 : _____.

5) 가 : 언제부터 언제까지 제주도에서 사셨습니까? (2008년 1월~2009년 6월)

　　나 : _____.

-전에/-기 전에

2 대답을 쓰십시오.

> **보기**
>
> 가 : 언제 한국에 오셨습니까? (1년)
>
> 나 : <u>1년 전에 한국에 왔습니다.</u>

1) 가 : 언제 남대문 시장에 가셨습니까? (3일)

　　나 : _____.

2) 가 : 언제 가방을 사셨습니까? (2달)

　나 : _____.

3) 가 : 언제 출발하셨습니까? (30분)

　나 : _____.

4) 가 : 언제 부산에서 살았습니까? (결혼)

　나 : _____.

5) 가 : 언제 커피를 마셨습니까? (수업)

　나 : _____.

3 이야기를 읽고 대답을 쓰십시오.

> 저는 6개월 전에 서울에 왔습니다.
>
> 서울에 오기 전에 홍콩에서 3년 일했습니다.
>
> 요즘 한국어를 배우러 가나다 학원에 다닙니다.
>
> 아침 10시부터 3시간 공부합니다.
>
> 한국말 공부가 어렵지만 재미있습니다.
>
> 오후 2시부터 회사에서 일합니다. 회사에 가기 전에 점심을 먹습니다.
>
> 회사는 보통 7시에 끝납니다.
>
> 토요일에는 수업이 없지만 7시에 일어납니다.
>
> 토요일마다 아침 9시까지 1시간 운동을 합니다.
>
> 그리고 아침을 먹습니다.

1) 언제 홍콩에서 일했습니까? (-기 전에)

2) 몇 시부터 몇 시까지 한국말을 공부합니까?

3) 언제 점심을 먹습니까? (-기 전에)

4) 몇 시부터 몇 시까지 회사에서 일합니까?

5) 토요일에는 아침을 먹기 전에 무엇을 합니까?

4 그림을 보고 문장을 쓰십시오.

보기

(전화를 하다 / 친구 집에 가다)

친구 집에 가기 전에
전화를 합니다.

1)

(음식을 만들다 / 손님이 오시다)

_____

_____ .

2)

(일기를 쓰다 / 자다)

_____

_____ .

3)

(복사하다 / 회의를 하다)

_____

_____ .

4)

(손을 씻다 / 밥을 먹다)

_____

_____ .

5)

(공부하다 / 시험을 보다)

_____

_____ .

제18과 -후에/-(으)ㄴ 후에
-(으)ㅂ시다

-후에/-(으)ㄴ 후에

1 문장을 완성하십시오.

> **보기**
>
> 10분 / 전화하십시오.
> ➡ 10분 후에 전화하십시오.

> **보기**
>
> 일이 끝나다 / 술을 마시러 갑시다.
> ➡ 일이 끝난 후에 술을 마시러 갑니다.

1) 1주일 / 방학이 시작됩니다.

   ➡ _____ .

2) 퇴근 / 한국말을 배웁니다.

   ➡ _____ .

3) 3년 / 결혼을 하겠습니다.

   ➡ _____ .

4) 식사 / 차를 마시겠습니다.

   ➡ _____ .

5) 한국에 오다 / 한국말을 처음 배웠습니다.

   ➡ _____ .

6) 수업이 끝나다 / 아르바이트를 합니다.

   ➡ _____ .

7) 저녁을 먹다 / 영화를 봅시다.

   ➡ _____ .

8) 문을 열다 / 청소를 하십시오.

   ➡ _____ .

2 다음 표를 완성하십시오.

	−ㅂ시다		−읍시다
가다		앉다	
타다	탑시다	먹다	
쉬다		읽다	
만나다		씻다	씻읍시다
마시다		받다	
구경하다		찍다	
이야기하다		만들다	

3 대답을 쓰십시오.

<u>보기</u>

가 : 점심시간입니다. 배가 고픕니다.

나 : 저도 배가 고픕니다.

가 : <u>그럼, 식사하러 갑시다.</u>

1) 가 : (공원에서) 다리가 아픕니다.

　　나 : 저도 다리가 아픕니다.

　　가 : 그럼, _____ .

2) 가 : 내일 시험이 있습니다.

　　나 : 저도 시험이 있습니다.

　　가 : 그럼, _____ .

3) 가 : 명동에서 약속이 있습니다.

　　나 : 저도 지금 명동에 갑니다.

　　가 : 그럼, _____.

4) 가 : 이번 주는 바쁩니다.

　　나 : 그럼, _____.

5) 가 : 방이 더럽습니다.

　　나 : 그럼, _____.

4 어제 오후에 무엇을 했습니까? 이야기를 만드십시오.

어제 오후 1시에 수업이 끝났습니다.

_____

_____

_____

_____

_____

-지 않다

1 부정문을 쓰십시오.

보기
> 술을 마십니다. ➡ 술을 마시지 않습니다.

1) 지금 편지를 씁니다. ➡ _____.

2) 한국 신문을 읽습니다. ➡ _____.

3) 집에서 음식을 만듭니다. ➡ _____.

4) 저 가게에서 옷을 팝니다. ➡ _____.

5) 어제 청소를 했습니다. ➡ _____.

6) 지난주에 시험을 봤습니다. ➡ _____.

7) 도서관에 공부하러 갔습니다. ➡ _____.

8) 내일 이메일을 보내겠습니다. ➡ _____.

9) 이번 주에 약속이 많습니다. ➡ _____.

10) 우리 집이 큽니다. ➡ _____.

11) 오늘 교통이 복잡합니다. ➡ _____.

12) 어제 날씨가 좋았습니다. ➡ _____.

13) 한국말을 압니다. ➡ _____.

14) 오늘은 휴일입니다. ➡ _____.

15) 한국 친구가 있습니다. ➡ _____.

2 문장을 완성하십시오.

> 보기
>
> 집 근처에 지하철이 없다 / 버스를 탑니다.
>
> ➡ 집 근처에 지하철이 없기 때문에 버스를 탑니다.

1) 한국 노래를 좋아하다 / 한국말을 배웁니다.

   ➡ _____.

2) 오후에 친구가 서울에 오다 / 공항에 갑니다.

   ➡ _____.

3) 고향이 시골이다 / 시골에 친구가 많습니다.

   ➡ _____.

4) 값이 비싸다 / 사지 않습니다.

   ➡ _____.

5) 하숙집에 외국인이 많다 / 재미있습니다.

   ➡ _____.

6) 한국말을 잘 모르다 / 한국 신문을 읽지 않습니다.

   ➡ _____.

7) 비빔밥이 맵지 않다 / 자주 먹습니다.

   ➡ _____.

8) 점심을 먹지 않았다 / 배가 고픕니다.

   ➡ _____.

3 대답을 쓰십시오.

보기

가 : 어디에서 물건을 사십니까?

나 : <u>시장에서 삽니다.</u>

가 : 왜 시장에서 사십니까?

나 : <u>싸기 때문에 시장에서 삽니다.</u>

1)

가 : 수요일 저녁에 시간이 있습니까?

나 : 아니요, _____.

가 : 왜 시간이 없습니까?

나 : _____.

2)

가 : 점심에 보통 무엇을 먹습니까?

나 : _____.

가 : 왜 김밥을 먹습니까?

나 : _____.

3)

가 : 비빔냉면을 먹습니까?

나 : 아니요, _____.

가 : 왜 먹지 않습니까?

나 : _____.

4)

가 : 운동을 하십니까?

나 : 아니요, _____.

가 : 왜 운동을 하지 않습니까?

나 : _____.

5)

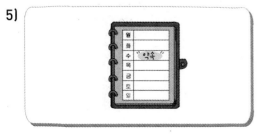

가 : 오늘 파티에 가십니까?

나 : 아니요, _____.

가 : 왜 가지 않습니까?

나 : _____.

무슨 –

1 '무슨 –'으로 대화를 완성하십시오.

> 보기
>
> 가 : 오늘이 무슨 요일입니까?
>
> 나 : 목요일입니다.

1) 가 : _____?

　　나 : 불고기하고 냉면을 먹었습니다.

2) 가 : _____?

　　나 : 농구와 야구를 좋아합니다.

3) 가 : _____?

　　나 : 그분은 번역 일을 합니다.

4) 가 : _____?

　　나 : 바지와 티셔츠를 입었습니다.

5) 가 : _____?

　　나 : 수요일과 토요일에 학원에 가지 않습니다.

6) 가 : _____?

　　나 : 유자차를 마시겠습니다.

7) 가 : _____?

　　나 : 코미디를 자주 봅니다.

8) 가 : 어제 영화를 봤습니다.

　　나 : _____?

안 –

2 다음 표를 완성하십시오.

	안 –(스)ㅂ니다	–지 않습니다
가다	안 갑니다	
먹다		
만들다		만들지 않습니다
* 공부하다		
* 운전하다		
크다		
왔다		오지 않았습니다
* 대답했다		
열었다	안 열었습니다	
좋았다		
쓰겠다		
찍겠다	안 찍겠습니다	
* 여행하겠다		

3 대답을 쓰십시오.

> 보기
>
> 가 : 담배를 피우십니까?
>
> 가 : 아니요, 담배를 안 피웁니다.

1) 가 : 소주를 마십니까?

   나 : 아니요, _____.

2) 가 : 요즘 운동하십니까?

   나 : 아니요, _____.

3) 가 : 어제 뉴스를 보셨습니까?

　　나 : 아니요, _____.

4) 가 : 아침에 회의를 하셨습니까?

　　나 : 아니요, _____.

5) 가 : 이번 휴가에 여행을 가시겠습니까?

　　나 : 아니요, _____.

6) 가 : 머리가 아픕니까?

　　나 : 아니요, _____.

7) 가 : 집이 여기에서 멉니까?

　　나 : 아니요, _____.

좋아하다/싫어하다

4 알맞은 것을 골라 '좋아하다' 또는 '싫어하다'로 문장을 쓰십시오.

보기

저는 컴퓨터게임을 좋아합니다.　제 친구는 컴퓨터게임을 싫어합니다.

1) _____.

2) _____.

3) _____.

4) _____.

5) _____.

84

1 알맞은 조사를 쓰십시오.

1) 오늘 아침 6시(　　) 일어났습니다.

2) 한 시간 후(　　) 다시 전화하십시오.

3) 날(　　) 운동을 합니다.

4) 두 달 전(　　) 한국(　　) 왔습니다.

5) 한국 음식(　　) 좋아합니다.

6) 어제 오후 3시 반(　　) 5시(　　) 회의를 했습니다.

7) 예약을 한 후(　　) 식당(　　) 가십시오.

2 밑줄 친 곳을 고치십시오.

1) 다섯 시 <u>열 분</u>에 일이 끝납니다.　➡ (　　　　　　　　　　)

2) <u>먹은 전에</u> 손을 씻으십시오.　➡ (　　　　　　　　　　)

3) 시험을 <u>보기 후에</u> 한잔합시다.　➡ (　　　　　　　　　　)

4) 오늘은 술을 <u>마시지 않읍시다</u>.　➡ (　　　　　　　　　　)

5) 수요일에는 <u>안 공부합니다</u>.　➡ (　　　　　　　　　　)

6) 어제 술을 많이 <u>마시기 때문에</u> 머리가 아픕니다.

　➡ (　　　　　　　　　　)

7) 저는 <u>요리가</u> 좋아합니다.　➡ (　　　　　　　　　　)

8) 오늘 아침에는 밥을 <u>먹었지 않습니다</u>. ➡ (　　　　　　　　　　)

3 알맞은 부사를 고르십시오.

1) 오늘은 일이 (아주 / 많이) 있기 때문에 바쁩니다.

2) 이 책이 (잘 / 좀) 어렵지만 재미있습니다.

3) 아기가 (잘 / 아주) 먹고 (정말 / 잘) 잡니다.

4) 아침에는 (잘 / 보통) 7시에 일어납니다.

5) 그 식당 음식이 (자주 / 아주) 맛있기 때문에 갑니다.

6) (잘 / 요즘) 건강이 나쁘기 때문에 술을 마시지 않습니다.

7) 테니스를 좋아하기 때문에 (아주 / 자주) 테니스를 치러 갑니다.

4 알맞은 의문사를 골라 쓰십시오.

어느	무슨	언제	몇	왜	누가

1) 가 : (   ) 골프를 치십니까?
   나 : 주말마다 골프를 칩니다.

2) 가 : (   ) 고향에 가십니까?
   나 : 할머니가 아프시기 때문에 고향에 갑니다.

3) 가 : 다음 주에 (   ) 서울에 옵니까?
   나 : 부모님께서 서울에 오십니다.

4) 가 : 날마다 (   ) 시간 일하십니까?
   나 : 여덟 시간 일합니다.

5) 가 : (   ) 선생님이 한국말을 가르치십니까?
   나 : 이 선생님이 가르치십니다.

6) 가 : (   ) 꽃을 사시겠습니까?
   나 : 장미를 사겠습니다.

-하고 같이
-아/어요

-하고 같이

1 대답을 쓰십시오.

> 보기
>
> 가 : 누구와 같이 여행을 가셨어요? (친구들)
> 나 : <u>친구들과 같이 여행을 갔어요.</u>

1) 가 : 누구와 같이 사진을 찍었어요? (미영 씨)

   나 : _____ .

2) 가 : 누구와 같이 한국에 왔어요? (가족)

   나 : _____ .

3) 가 : 누구와 함께 만화 영화를 봤어요? (아들)

   나 : _____ .

4) 가 : 보통 누구하고 술을 마셔요? (동료들)

   나 : _____ .

5) 가 : 주말에 아이는 누구하고 놀아요? (아빠)

   나 : _____ .

6) 가 : 삼겹살은 뭐하고 같이 먹어요? (상추)

   나 : _____ .

7) 가 : 혼자서 사세요? (부모님)

   나 : 아니요, _____ .

-아/어요

2 다음 표를 완성하십시오.

	-아/어요	-(으)세요	-았/었어요
오다	와요		
자다		주무세요	
보다			봤어요
찾다			
알다	알아요		
먹다		잡수세요/드세요	
빌리다			
만들다			
배우다			
가르치다			가르쳤어요
마시다			
식사하다			
있다	있어요		
비싸다		****	
좋다			좋았어요
멀다		****	
친절하다	친절해요		

3 '-아/어요'로 쓰십시오.

1) 안녕하십니까?   ➡ _____?

2) 안녕히 계십시오.   ➡ _____.

3) 많이 드십시오.   ➡ _____.

4) 가족과 같이 살지 않습니다.   ➡ _____.

5) 영어를 조금 압니다.   ➡ _____.

6) 이번 주에는 약속이 없습니다.   ➡ _____.

7) 서울 교통이 복잡합니다.   ➡ _____.

8) 불고기가 맛있습니다.   ➡ _____.

9) 한국 음식을 좋아하십니까?   ➡ _____?

10) 생일에 뭘 받으셨습니까?   ➡ _____?

11) 아프지만 약을 먹지 않았습니다.   ➡ _____.

12) 오늘 저녁에는 무엇을 만들겠습니까?   ➡ _____?

13) 지금 몇 시입니까?   ➡ _____?

14) 이름이 무엇입니까?   ➡ _____?

15) 저는 중국 사람이 아닙니다.   ➡ _____.

4 대답을 쓰십시오.

1) 가 : 오늘이 무슨 요일이에요?

   나 : _____.

2) 가 : 약속 시간이 3시예요?

   나 : 아니요, _____.

3) 가 : 언제가 생일이었어요?

   나 : _____.

4) 가 : 어디에 가세요?

   나 : _____.

5) 가 : 점심에 비빔밥을 드셨어요?

   나 : 아니요, _____.

6) 가 : 내일 아침에 다시 전화하세요.

   나 : 네, _____.

7) 가 : 뭘 드시겠어요?

   나 : _____.

8) 가 : 지금 어디에서 사세요?

   나 : _____.

9) 가 : 은행에서 일하세요?

   나 : 아니요, _____.

10) 가 : 한국 생활이 재미있으세요?

    나 : 네, _____.

제22과 -(으)ㄹ까요?
-고

-(으)ㄹ까요?

1 대화를 쓰십시오.

보기

(영화를 보다)

가 : 영화를 볼까요?

나 : 네, 영화를 봅시다.

　아니요, 영화를 보지 맙시다.

보기

(몇 시에 만나다)

가 : 몇 시에 만날까요?

나 : 3시에 만납시다.

1)

(점심에 칼국수를 먹다)

가 : _____?

나 : _____.

　_____.

2)

(택시를 타다)

가 : _____?

나 : _____.

　_____.

3)

(저기에서 사진을 찍다)

가 : _____?

나 : _____.

　_____.

4)

(토요일에 뭘 하다)

가 : _____?

나 : _____.

　_____.

2 대화를 완성하십시오.

> 가 : 방학입니다. 여행을 <u>갑시다.</u>
>
> 나 : 어디에 <u>갈까요?</u>
>
> 가 : 제주도에 <u>갑시다.</u>

1) 가 : 배가 고픕니다. 점심을 _____.

   나 : 뭘 _____?

   가 : 된장찌개를_____.

2) 가 : 내일이 소정 씨 생일입니다. 같이 선물을 _____.

   나 : 어디에서 _____?

   가 : 이대 앞에서 _____.

3) 가 : 오후에 시간이 있습니다. 같이 영화를 _____.

   나 : 어디에서 _____?

   가 : 근처에 '푸른 극장'이 있습니다. 거기에서 _____.

4) 가 : 눈이 옵니다. 같이 스키를 _____.

   나 : 어느 스키장에 _____?

   가 : '그랜드 스키장'이 크고 가깝습니다. 거기에 _____.

5) 가 : 주말부터 백화점 세일입니다. 같이 _____?

   나 : 좋습니다. 몇 시에 _____?

   가 : 11시에 백화점 앞에서 _____.

6) 가 : 다음 주부터 시험입니다. 같이 한국말을 _____.

   나 : 어디에서 _____?

   가 : 근처에 도서관이 있어요. 거기에서 _____.

-고

3 그림을 보고 문장을 완성하십시오.

영화를 보고 차를 마셨습니다.

1)

_____ 어요.

2)

_____ (으)세요.

3)

_____ 어요.

4)

_____ (으)ㄹ까요?

5)

_____ 었어요.

6)

_____ 어요.

제23과 -(으)려고 하다
-고 싶다

-(으)려고 하다

1 대화를 완성하십시오.

보기

가 : 어디에 가려고 합니까?
나 : 제주도에 가려고 합니다.

1)

가 : 친구 생일에 무엇을 주려고 합니까?
나 : _____.

2)

가 : 몇 시에 점심을 먹으려고 합니까?
나 : _____.

3)

가 : _____?
나 : 동생과 같이 놀러 가려고 합니다.

4)

가 : _____?
나 : 신촌에서 친구를 만나려고 합니다.

5)

가 : _____?
나 : 불고기를 만들려고 합니다.

2 '-(으)려고 해요'를 사용하십시오. 아래의 휴가 계획을 완성하십시오.

저는 친구들과 같이 _____
　　　　　　　　　　(여행을 하다)

친구 집이 부산에 있기 때문에 _____
　　　　　　　　　　　　　(부산에 가다)

_____
　　(KTX를 타다)

부산에서 바다도 구경하고 _____
　　　　　　　　　　(수영도 하다)

_____
　　(파전도 먹다)

_____
　　(사진도 많이 찍다)

3 그림을 보고 문장을 쓰십시오.

❖ 지금 아주 덥습니다. 무엇을 하고 싶습니까? 무엇을 하고 싶지 않습니까?

보기

수영하고 싶어요.

1)
팥빙수

_____.

2)

_____.

3)
삼계탕

_____.

❖ 다시 대학교(또는 고등학교)에 들어가면 무엇을 하고 싶어요?

4)

_____.

5)

_____.

6)

_____.

4 대답을 쓰십시오.

> **보기**
>
> 가 : 이번 휴가에 뭘 하고 싶으세요? (-도 -고 싶고)
>
> 나 : <u>여행도 하고 싶고 친구들도 만나고 싶어요.</u>

1) 가 : 결혼한 후에 고향에서 살고 싶으세요? (-고 싶지 않다)

    나 : 아니요, _____ .

2) 가 : 요즘 운동을 하세요? (-고 싶지만)

    나 : 아니요, _____ .

3) 가 : 한국에서 뭘 하고 싶으세요? (-도 -고 싶고)

    나 : _____ .

4) 가 : 주말에 친구들하고 놀았어요? (-고 싶었지만)

    나 : 아니요, _____ .

5) 가 : 오늘 오후에 같이 동대문시장에 가시겠어요? (-고 싶지만)

    나 : _____ .

6) 가 : 왜 한국말을 배우세요? (-고 싶기 때문에)

    나 : _____ .

제24과   –고 있다

–고 있다

1 그림을 보고 대답을 쓰십시오.

기차 안

보기

가 : 이 사람이 친구하고 이야기하고 있어요?

나 : 아니요, 친구하고 이야기 하고 있지 않아요. 지도를 보고 있어요.

1) 가 : 이 사람이 책을 읽고 있어요?

   나 : _____ .

2) 가 : 이 사람이 주스를 마시고 있습니까?

   나 : _____ .

3) 가 : 이 사람이 전화를 하고 있습니까?

   나 : _____ .

4) 가 : 이 사람이 공부하고 있습니까?

   나 : _____ .

5) 가 : 이 사람이 편지를 쓰고 있어요?

   나 : _____ .

98

2 읽고 대답을 쓰십시오.

❖

저는 1년 전에 중국에서 왔어요. 중국말을 가르치러 왔어요. 요즘은 회사와 중학교에서 중국말을 가르쳐요. 회사는 강남에 있어요. 우리 집은 북한산 근처에 있어요. 회사가 집에서 좀 멀기 때문에 피곤해요. 그리고 1주일에 두 번 한국말을 배우고 있어요. 한국 생활이 좀 피곤하지만 재미있어요.

1) 이 사람은 어디에서 가르치고 있어요?

2) 이 사람은 어디에서 살고 있어요?

3) 이 사람은 무엇을 배우고 있어요?

❖

여기는 옷 가게예요. 점원 세 명이 옷을 팔고 있어요.
주인은 전화를 하고 있어요. 어머니와 딸이 옷을 구경하고 있어요.
남자가 여자 친구의 스웨터를 사고 있어요. 아주머니가 옷을 입고 거울을 보고 있어요.

4) 주인은 무엇을 하고 있어요?

5) 남자는 무엇을 하고 있어요?

6) 누가 거울을 보고 있어요?

3 다음은 전화 대화입니다. 알맞은 문장을 골라 대화를 완성하십시오.

1) 가 : 여보세요. 거기 현대 여행사입니까?

　　나 : ① _____

　　가 : ② _____

　　나 : ③ _____

　　가 : ④ _____

> (가) 아니요, 지금 안 계십니다. 조금 전에 퇴근하셨습니다.
>
> (나) 네, 그렇습니다.
>
> (다) 마리노 씨 계십니까?
>
> (라) 알겠습니다.

2) 가 : 여보세요. 거기 김 영민 씨 댁입니까?

　　나 : ① _____

　　가 : ② _____

　　나 : ③ _____

　　가 : ④ _____

> (가) 3852-2948 아닙니까?
>
> (나) 아니요, 잘못 거셨습니다.
>
> (다) 죄송합니다.
>
> (라) 아닙니다. 3852-2848입니다.

제25과
- -(으)ㄹ 수 있다/없다
- -(으)ㄹ까요?
- -지 마세요

~(으)ㄹ 수 있다/없다

1 그림을 보고 문장을 쓰십시오.

보기

수영할 수 있어요. 수영할 수 없어요.

1)

_____. _____.

2)

_____. _____.

3)

_____. _____.

4)

_____. _____.

5)

_____. _____.

6)

_____. _____.

2 대답을 쓰십시오.

1) 가 : 내일 아침 5시에 일어날 수 있어요?

　　나 : 네, _____.

2) 가 : 갈비 3인분을 혼자서 먹을 수 있어요?

　　나 : 아니요, _____.

3) 가 : 이 가방(15kg)을 들 수 있어요?

　　나 : 아니요, _____.

4) 가 : 내일 저녁에 우리 집에 올 수 있어요?

　　나 : 네, _____.

5) 가 : 만 원이 있어요. 시장에서 뭘 살 수 있어요?

　　나 : _____.

6) 가 : 어제 숙제를 하셨어요?

　　나 : 아니요, 어제 회사 일이 늦게 끝났기 때문에 _____.

7) 가 : 어머니 생신에 가셨어요?

　　나 : 아니요, _____ 전화만 했어요.

8) 가 : 무슨 운동을 할 수 있어요?

　　나 : 테니스도 _____, 스키도 _____.

-(으)ㄹ까요?

3 그림을 보고 대화를 완성하십시오.

보기

가 : <u>노래를 부를까요?</u>
나 : <u>네, 노래를 부르세요. / 아니요, 노래를 부르지 마세요.</u>

(노래를 부르다)

보기

가 : <u>몇 시까지 올까요?</u>
나 : <u>10시까지 오세요.</u>

(몇 시까지 오다)

1)

가 : _____
나 : 네, _____

(문을 닫다)

2)

가 : _____
나 : 네, _____

(에어컨을 켜다)

3)

가 : _____
나 : 아니요, _____

(이 바지를 입다)

4)

가 : _____
나 : _____

(무슨 노래를 부르다)

5)

가 : _____
나 : _____

(몇 시에 다시 전화하다)

4 그림을 보고 문장을 쓰십시오.

보기

여기에서 담배를 피우지 마세요.

1) _____ .

2) _____ .

3) _____ .

4) _____ .

5) _____ .

복습 21과-25과

1 밑줄 친 곳을 고치십시오.

1) 토요일에 <u>친구과 같이</u> 영화를 보려고 해요.　➡ (　　　　　　　　　)

2) 무슨 음식을 <u>만들을까요?</u>　➡ (　　　　　　　　　)

3) 지금 한국말을 <u>가르치고 없어요.</u>　➡ (　　　　　　　　　)

4) 맵기 때문에 <u>먹을 수 않아요.</u>　➡ (　　　　　　　　　)

5) 고향에 돌아가기 전에 태권도를 <u>배워 싶어요.</u>　➡ (　　　　　　　　　)

6) 수업이 끝난 후에 점심을 <u>먹려고 해요.</u>　➡ (　　　　　　　　　)

7) 비가 옵니다. 오늘은 테니스를 <u>치지 않읍시다.</u>　➡ (　　　　　　　　　)

8) 겨울 코트를 <u>샀고 싶어요.</u> 그래서 백화점에 갔어요. ➡ (　　　　　　　　　)

2 알맞은 것을 골라 문장을 완성하십시오.

> ① 지금은 결혼하고 싶지 않아요.
> ② 지난 주말에 부산에 갔어요.
> ③ 안동에도 가고 싶어요.
> ④ 만들 수 없어요.
> ⑤ 지금 배우고 있어요.
> ⑥ 바쁘기 때문에 갈 수 없어요.

보기

스키 타러 가고 싶어요. 그런데 <u>바쁘기 때문에 갈 수 없어요.</u>

1) 한국 음식을 먹고 싶어요. 그런데 _____

2) 바다 경치를 보고 싶었어요. 그래서 _____

3) 10년 전에는 결혼하고 싶었어요. 그런데 _____

4) 한국말을 잘하고 싶어요. 그래서 _____

5) 경주에 가고 싶어요. 그리고 _____

3 다음 이야기를 '-아/어요'로 바꾸십시오.

안녕하십니까? 저는 수지입니다. 캐나다에서 작년에 왔습니다.
(   )   (   )   (   )

지금 서울 한남동에 가족과 같이 살고 있습니다. 우리 가족은 남편과
                              (   )

저 그리고 딸 하나 아들 하나입니다. 남편은 캐나다 사람입니다. 그런
                    (   )   (   )

데 저는 캐나다 사람이 아닙니다. 싱가포르 사람입니다.
                    (   )

우리 아들은 대학생이기 때문에 우리 가족과 같이 서울에 살지 않습니다.
                                          (   )

할머니 할아버지와 같이 캐나다에 삽니다.
                      (   )

그래서 아들이 많이 보고 싶습니다.
              (   )

한국에 온 후에 저는 한국말 하고 한국 요리를 배웁니다.
                                    (   )

한국말은 너무 어렵지만 재미있습니다.
              (   )

다음 달부터는 태권도도 배우려고 합니다.
                  (   )

지난 주말에 친구 가족과 같이 남산에 갔습니다. 사진도 찍고 남산
타워도 구경했습니다. 케이블카도 탈 수 있었습니다.
      (   )   (   )

다음에 다시 가고 싶습니다.
          (   )

106

'으' 불규칙 동사 · 형용사

1 다음 표를 완성하십시오.

	-(스)ㅂ니다	-아/어요	-았/었어요
쓰다			썼어요
끄다	끕니다		
크다			
바쁘다		바빠요	
아프다			
나쁘다	나쁩니다		
예쁘다			예뻤어요

2 문장을 완성하십시오.

1) 오늘은 비도 오고 날씨가 ＿＿＿＿＿＿＿＿＿＿아/어요.
   　　　　　　　　　　　　　(나쁘다)

2) 지난 주말에 배도 ＿＿＿＿＿＿＿＿＿고 머리도 ＿＿＿＿＿＿＿＿＿았/었어요.
   　　　　　　　　(아프다)　　　　　　　　　　　　(아프다)

3) 어제는 ＿＿＿＿＿＿＿＿＿았/었지만 내일은 ＿＿＿＿＿＿＿＿＿지 않아요.
   　　　　　(바쁘다)　　　　　　　　　　　　　(바쁘다)

4) 이것도 ＿＿＿＿＿＿＿＿＿고 저것도 ＿＿＿＿＿＿＿＿＿아/어요.
   　　　　(예쁘다)　　　　　　　　　　(예쁘다)

5) 동생 방은 ＿＿＿＿＿＿＿＿＿지 않지만 제 방은 ＿＿＿＿＿＿＿＿＿아/어요.
   　　　　　(크다)　　　　　　　　　　　　　　(크다)

6) 여기에 이름하고 전화번호를 ＿＿＿＿＿＿＿＿＿(으)세요.
   　　　　　　　　　　　　　　　　(쓰다)

7) 어제 아기가 태어났어요. 아주 ＿＿＿＿＿＿＿＿＿았/었어요.
   　　　　　　　　　　　　　　(기쁘다)

-지 못하다

3 대화를 완성하십시오.

> **보기**
>
> 가 : 한국 음식을 잘 드세요?
>
> 나 : 아니요, 한국 음식을 잘 먹지 못해요. / 한국 음식을 잘 못 먹어요.

> **보기**
>
> 가 : 토요일에 영화 보러 갈 수 있어요?
>
> 나 : 아니요, 가지 못해요.
>
> 가 : 왜 못 가요?
>
> 나 : 회사 일이 있기 때문에 못 가요.

1) 가 : 운동을 잘합니까?

   나 : 아니요, _____. / _____.

2) 가 : 어제 편지를 쓰셨어요?

   나 : 아니요, _____. / _____.

3) 가 : 가족들과 여행을 자주 가세요?

   나 : 아니요, _____.

   가 : 왜 _____?

   나 : _____.

4) 가 : 시험을 잘 보셨어요?

   나 : 아니요, _____.

   가 : 왜 _____?

   나 : _____.

제**27**과

‒에게(한테)
‒에게서(한테서)
‒만

‒에게(한테) / ‒에게서(한테서)

1 대답을 쓰십시오.

보기

> 가 : 누구한테 전화하세요? (어머니)
>
> 나 : <u>어머니한테 전화해요.</u>

보기

> 가 : 어디에 편지를 보내세요? (고향 집)
>
> 나 : <u>고향 집에 편지를 보내요.</u>

1) 가 : 누구한테 이 꽃을 주려고 해요? (여자 친구)

　　나 : _____.

2) 가 : 누구한테 이메일을 보내셨어요? (사장님)

　　나 : _____.

3) 가 : 그 이야기를 누구한테 하셨어요? (선배)

　　나 : _____.

4) 가 : 어디에 연락하시려고 합니까? (사무실)

　　나 : _____.

5) 가 : 어디에 전화하셨어요? (대사관)

　　나 : _____.

❖

보기

> 가 : 누구한테서 연락이 왔어요? (동생)
>
> 나 : <u>동생한테서 연락이 왔어요.</u>

보기

> 가 : 어디에서 팩스를 받으셨어요? (회사)
>
> 나 : <u>회사에서 팩스를 받았어요.</u>

6) 가 : 누구한테서 한국말을 배우고 계세요? (정 선생님)

　　나 : _____ .

7) 가 : 누구한테서 책을 빌렸어요? (후배)

　　나 : _____ .

8) 가 : 그 이야기를 누구한테서 들었어요? (이리나 씨)

　　나 : _____ .

9) 가 : 어디에서 소포가 왔어요? (일본)

　　나 : _____ .

10) 가 : 생일에 누구한테서 선물을 받았어요? (친구들)

　　나 : _____ .

2 다음의 명사와 동사로 문장을 쓰십시오.

> 명사
>
> 동생　친구　학생　애인　회사　집　고향　부모님

> 동사
>
> 전화가 오다　이야기하다　돈을 받다　질문하다　영어를 가르치다
> 한국말을 배우다　메시지를 보내다　전화를 하다

> 보기
>
> 동생한테 영어를 가르쳐요.
> 부모님한테서 전화가 왔어요.

1) _____ .

2) _____ .

3) _____ .

4) _____ .

5) _____ .

-만

3 대답을 쓰십시오.

> **보기**
>
> 가 : 요즘 영어도 배우세요? (한국말)
>
> 나 : <u>아니요, 한국말만 배우고 있어요.</u>

1) 가 : 한국에 부인과 아이들도 같이 왔어요? (저)

   나 : 아니요, _____.

2) 가 : 설탕을 많이 넣을까요? (조금)

   나 : 아니요, _____.

3) 가 : 이 약 하루에 몇 번 먹을까요? (한 번)

   나 : _____.

4) 가 : 불고기를 몇 인분 시킬까요? (2인분)

   나 : _____.

5) 가 : 이 얘기를 누구한테 했어요? (남편)

   나 : _____.

6) 가 : 야마다 씨는 집에서도 한국말을 쓰세요? (학원)

   나 : 아니요, _____.

7) 가 : 오전에도 공부하고 오후에도 한국말을 공부하세요? (오전)

   나 : 아니요, _____.

제28과 -(으)로 (수단)
'ㄷ'불규칙 동사
-쯤

-(으)로 (수단)

1 문장을 완성하십시오.

보기

숟가락으로 밥을 먹습니다.

1)

_____ 머리를 자릅니다.

2)

_____ 이야기합니다.

3)

E-mail

_____ 연락합니다.

4)

_____ 여행갑니다.

5)

_____ 글씨를 씁니다.

6)

DC Card
Star
5409 - 3120 - x x x
01 / 03

_____ 물건을 삽니다.

7)

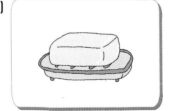

_____ 손을 씻습니다.

8)

_____ 회사에 갑니다.

112

2 다음 표를 완성하십시오.

	-(스)ㅂ니다	-아/어요	-았/었어요
듣다	듣습니다		
묻다		물어요	
걷다			
* 닫다		닫아요	
* 받다			받았어요

3 문장을 완성하십시오.

1) 가 : 날마다 많이 _____(으)세요?
　　　　　　　　(걷다)

　　나 : 아니요, 많이 _____지 않아요.
　　　　　　　　　　(걷다)

2) 가 : 뉴스를 _____(으)셨어요?
　　　　　　　(듣다)

　　나 : 아니요, 못 _____었어요. _____고 싶어요.
　　　　　　　　　(듣다)　　　　　　(듣다)

3) 가 : 지금 계속 _____(으)ㄹ 수 있어요?
　　　　　　　　　(걷다)

　　나 : _____고 싶지만 다리가 아프기 때문에 못 _____어요.
　　　　(걷다)　　　　　　　　　　　　　　　　　　　(걷다)

4) 이야기를 잘 _____(으)세요. 이야기를 _____(으)ㄴ 후에 대답하세요.
　　　　　　　　(듣다)　　　　　　　　　　　(듣다)

5) 보통 여자한테는 나이를 _____지 않아요.
　　　　　　　　　　　　　(묻다)

　　하지만 한국 사람들이 자주 나이를 _____어요.
　　　　　　　　　　　　　　　　　　(묻다)

4 대답을 쓰십시오.

> 가 : 언제쯤 결혼하려고 하세요?
>
> 나 : 내년 봄쯤 결혼하려고 해요. (내년 봄)

1) 가 : 몇 시쯤 도착할 수 있어요? (오후 7시)

  나 : _____ .

2) 가 : 돈이 얼마쯤 있으세요? (4만 원)

  나 : _____ .

3) 가 : 1년에 몇 번쯤 고향에 가세요? (두 번)

  나 : _____ .

4) 가 : 식사하고 몇 분쯤 후에 약을 먹습니까? (30분)

  나 : _____ .

5) 가 : 집에서 학교까지 지하철로 얼마쯤 걸려요? (1시간)

  나 : _____ .

6) 가 : 한국 친구가 몇 명 있으세요? (5명)

  나 : _____ .

7) 가 : 한국말을 몇 달 배우셨어요? (6개월)

  나 : _____ .

8) 가 : 다음 주에 언제 만날까요? (주말)

  나 : _____ .

<table>
<tr><td>제29과</td><td>-(으)로 (방향)
-(으)면</td></tr>
</table>

-(으)로 (방향)

1 지하철 노선도를 보고 대답을 쓰십시오.

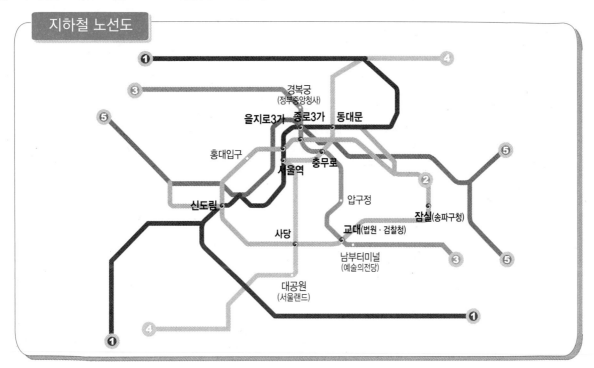

<table>
<tr><td>보기</td></tr>
</table>

> 가 : 홍대입구역에서 압구정동에 가려고 합니다.
> 나 : <u>지하철 2호선을 타십시오. 을지로3가역에서 3호선으로 갈아타십시오.</u>

1) 가 : 잠실역에서 예술의전당역에 가려고 합니다.

　 나 : _____.

2) 가 : 경복궁역에서 대공원에 가려고 합니다.

　 나 : _____.

3) 가 : 동대문역에서 경복궁역에 가려고 합니다.

　 나 : _____.

4) 가 : 홍대입구역에서 서울역에 가려고 합니다.

　 나 : _____.

2 그림을 보고 대답을 쓰십시오.

보기

가 : 기분이 나쁘면 저는 말을 하지 않습니다.
나 : 저는 기분이 나쁘면 잡니다.

1)

가 : 술을 마시면 저는 말을 많이 합니다.
나 : _____.

2)

가 : 밤에 잠이 오지 않으면 저는 책을 읽습니다.
나 : _____.

3)

가 : 비행기를 타면 저는 잡지를 봅니다.
나 : _____.

4)

가 : 우리 집에 손님이 오시면 저는 불고기를
     만듭니다.
나 : _____.

5)

가 : 부모님이 보고 싶으면 사진을 봅니다.
나 : _____.

3 두 문장을 연결하십시오.

> 주말에 시간이 있습니다. 친구와 같이 놀러 가려고 합니다.
> ➡ 주말에 시간이 있으면 친구와 같이 놀러 가려고 합니다.

1) 천만 원이 있습니다. 자동차를 사겠습니다.

➡ _____.

2) 내일 비가 오지 않습니다. 다 같이 공원에 갑시다.

➡ _____.

3) 시간이 없습니다. 이 일을 하지 마십시오.

➡ _____.

4) 바쁘지 않습니다. 저와 같이 남대문시장에 가시겠어요?

➡ _____.

5) 지금 출발합니다. 부산에 3시간 후에 도착합니다.

➡ _____.

6) 학교를 졸업합니다. 무엇을 하려고 합니까?

➡ _____.

7) 지금 집에 갑니다. 누가 있어요?

➡ _____.

제30과 -(이)나 / -거나

-(이)나

1 대답을 쓰십시오.

> 보기
>
> 가 : 아침에 뭘 드세요? (밥 / 빵)
>
> 나 : 밥이나 빵을 먹어요.

1) 가 : 무슨 음식을 만들 수 있어요? (카레라이스 / 볶음밥)

   나 : _____.

2) 가 : 친구가 한국에 오면 어디에 가려고 합니까? (설악산 / 제주도)

   나 : _____.

3) 가 : 그 나라에서는 어느 나라 말을 사용해요? (영어 / 스페인어)

   나 : _____.

4) 가 : 우리 언제 만날까요? (토요일 / 일요일)

   나 : _____.

5) 가 : 어떻게 연락합니까? (팩스 / 이메일)

   나 : _____.

6) 가 : 어디에서 선물을 삽니까? (명동 / 인사동)

   나 : _____.

7) 가 : 집에서 학교까지 어떻게 오세요? (버스 / 지하철)

   나 : _____.

8) 가 : 한국에서 뭘 배우고 싶어요? (한국 요리 / 태권도)

   나 : _____.

2 대답을 쓰십시오.

보기

가 : 주말에 보통 무엇을 하십니까?

나 : 친구들과 산에 가거나 운동을 합니다.

1)

가 : 피곤하면 뭘 하세요?

나 : _____.

2)

가 : 시험이 끝난 후에 뭘 하려고 해요?

나 : _____.

3)

가 : 저녁에 보통 뭘 하세요?

나 : _____.

4)

가 : 공원에서 뭘 합니까?

나 : _____.

5)

가 : 운동을 좋아하세요?

나 : 네, 주말마다 _____.

1 밑줄 친 곳을 고치십시오.

1) 어제 <u>회사에게</u> 전화를 했습니다.　　➡ (　　　　　)
2) <u>친구에서</u> 생일 선물을 받았어요.　　➡ (　　　　　)
3) 스미스 씨에게 편지를 <u>쓰었어요</u>.　　➡ (　　　　　)
4) 집에서 학교까지 <u>걷었습니다</u>.　　➡ (　　　　　)
5) <u>아래으로</u> 가면 은행이 있어요.　　➡ (　　　　　)
6) 어제 <u>못 공부했어요</u>.　　➡ (　　　　　)
7) <u>젓가락로</u> 라면을 먹어요.　　➡ (　　　　　)
8) 날씨가 춥기 때문에 테니스를 <u>칠 수 못해요</u>. ➡ (　　　　　)
9) <u>한국말을만</u> 공부하고 있어요.　　➡ (　　　　　)
10) 이번 주에는 <u>만나지 않읍시다</u>.　　➡ (　　　　　)
11) 지금 할아버지가 신문을 읽고 <u>있으십니다</u>. ➡ (　　　　　)
12) 저녁에는 한국 음식을 <u>만들으십시오</u>.　　➡ (　　　　　)

2 알맞은 연결어를 골라 두 문장을 연결하십시오.

-고　　-지만　　-거나　　-기 때문에　　-(으)러　　-(으)면

1) 얼굴도 예쁩니다. 키도 큽니다.

　➡

2) 시간이 없다. 택시를 탔습니다.

　➡

3) 방학에는 여행을 합니다. (또는) 컴퓨터를 배우려고 합니다.

　➡

4) 김치가 맵습니다. 맛있습니다.

　➡

5) 오른쪽으로 갑니다. 지하철역이 있습니다.

　➡

3 알맞은 조사를 골라 쓰십시오.

> -이/가   -을/를   -은/는   -마다   -에   -만   -에서   -(으)로   -도
> -에게서(한테서)   -에게(한테)   -와/과(하고)   -부터   -까지   -(이)나

1) 한국말 공부(   ) 어떻습니까?

2) 이번 주에는 날(   ) 약속(   ) 있습니다.

3) 이번 시험은 말하기(   ) 듣기를 보겠습니다.

4) 오늘 오후(   ) 내일 오전(   ) 연락하십시오.

5) 조금 전에 회사(   ) 전화가 왔습니다.

6) 종로에서 302번 버스(   ) 타십시오.

7) 친구(   ) 꽃(   ) 카드(   ) 받았습니다.

8) 저(   ) 한국사람(   ) 아닙니다.

9) 친구 생일(   ) 친구(   ) 선물을 주려고 합니다.

10) 저쪽(   ) 100미터쯤 가십시오.

11) 머리(   ) 아프고 배(   ) 아파요.

12) 이 책이 한 권(   ) 얼마예요?

13) 교실에서는 일본말(   ) 말하지 마세요.

14) 오늘 아침 9시(   ) 12시(   ) 회의가 있습니다.

15) 친구 생일에 선물을 주지 못했어요. 전화(   ) 했어요.

제 3 과

3. 1) ① 바지 ② 편지   2) ① 생선 ② 선풍기   3) ① 휴대폰 ② 휴지
    4) ① 숟가락 ② 가방   5) ① 치약 ② 치마   6) ① 자동차 ② 자전거

제 4 과

1. 1) 학생입니다.   2) 의사입니다.   3) 가수입니다.   4) 요리사입니다.
    5) 회사원입니다.   6) 주부입니다.   7) 간호사입니다.   8) 미용사입니다.

2. 1) 요시코입니다. 일본 사람입니다.   2) 제 이름은 류창입니다. 저는 중국 사람입니다.
    3) 제 이름은 김영민입니다. 저는 한국 사람입니다.   4) 제 이름은 마이클입니다. 저는 미국 사람입니다.
    5) 제 이름은 수잔입니다. 저는 호주 사람입니다.   6) 제 이름은 나타샤입니다. 저는 러시아 사람입니다.
    7) 제 이름은 페트라입니다. 저는 인도 사람입니다.

3. 1) 안녕하십니까? 반갑습니다. 제 이름은 야마네입니다. 저는 일본 사람입니다. 주부입니다.
    2) 안녕하십니까? 반갑습니다. 제 이름은 데니스입니다. 저는 미국 사람입니다. 대학생입니다.

제 5 과

1. 1) 가방입니다.   2) 구두입니다.   3) 책입니다.   4) 꽃입니다.
    5) 신문입니다.   6) 빵입니다.   7) 과일입니다.   8) 우유입니다.

2. 1) 나무입니다.   2) 그것이 무엇입니까?   3) 지갑입니다.   4) 저것이 무엇입니까?   5) 한국어 교과서입니다.

3. 1) 제 책상입니다.   2) 크리스 씨의 우산입니다.   3) 마이크 씨의 책입니다.
    4) 메이린 씨의 가방입니다.   5) 선생님의 연필입니다.

4. 1) 영국 사람이 아닙니다. 호주 사람입니다.   2) 친구가 아닙니다. 동생입니다.
    3) 회사원이 아닙니다. 학생입니다.   4) 영어 교과서가 아닙니다. 한국어 교과서입니다.

복습 1과 ~ 5과

1. 1) 제 전자사전입니다.   2)제 의자입니다.   3) 제 침대입니다.   4) 제 컴퓨터입니다.
    5) 제 모자입니다.   6) 제 옷입니다.   7) 제 우산입니다.

2. 1) 이   2) 은   3) 는, 이   4) 의   5) 은

3. 1) ① 무엇입니까? ② 일본 음식이 아닙니다. 한국 음식입니다.
    2) ① 안녕하십니까? ② 반갑습니다. ③ 중국 사람이 아닙니다. ④ 한국 사람입니다.

4. 1) 박민수입니다.   2) 회사원입니다.   3) 코리아 전자입니다.   4) 아니요, 부장님이 아닙니다. 과장님입니다.

1. 1) 우리 아버지입니다.   2) 우리 회사 사람들입니다.   3) 히로미 씨 동생입니다.   4) 제 아들입니다.

2. 1) 여자는   2) 아내   3) 남편   4) 우리 부모님

3.

	-ㅂ니까?	-ㅂ니다
가다	갑니까?	갑니다
오다	옵니까?	옵니다
사다	삽니까?	삽니다
보다	봅니까?	봅니다
만나다	만납니까?	만납니다
마시다	마십니까?	마십니다
기다리다	기다립니까?	기다립니다
공부하다	공부합니까?	공부합니다
운동하다	운동합니까?	운동합니다

	-습니까?	-습니다
먹다	먹습니까?	먹습니다
읽다	읽습니까?	읽습니다
받다	받습니까?	받습니다
입다	입습니까?	입습니다

4. 1) 갑니까? 네, 갑니다.   2) 삽니까? 네, 삽니다.   3) 입습니까? 네, 입습니다.
   4) 먹습니까? 네, 먹습니다.   5) 쉽니까? 네, 쉽니다.   6) 전화합니까? 네, 전화합니다.
   7) 일합니까? 네, 일합니다.   8) 이야기합니까? 네, 이야기합니다.

5. 1) 어머니가 요리합니다.   2) 친구들이 기다립니다.   3) 가르칩니까?, 박 선생님이
   4) 누가, 왕웨이 씨가 읽습니다.

1. 1) 을   2) 를   3) 를   4) 을   5) 을

2. 1) 책을 읽습니다   2) 우유를 마십니다   3) 선물을 받습니다   4) 영화를 봅니다   5) 운전을 합니다

3. 1) 가, 을   2) 이, 를   3) 가, 를   4) 이, 을   5) 이, 를

4. 1) 커피를 마십니다.   2) 신문을 읽습니다.   3) 전화를 합니다.   4) 옷을 입습니다.   5) 약을 먹습니다.

5. 1) 일본말을 가르칩니다.   2) 대학교 친구들을 만납니다.   3) 운동을 합니다.   4) 불고기를 먹습니다.

6. 1) 아니요, 우산이 없습니다.   2) 네, 책이 있습니다.   3) 네, 언니가 있습니다.   4) 아니요, 남동생이 없습니다.
   5) 네, 계란이 있습니다.   6) 아니요, 수박이 없습니다.

제8과

1.

	-(으)십니까?	-(으)십니다	-(으)십시오
가다	가십니까?	가십니다	가십시오
오다	오십니까?	오십니다	오십시오
사다	사십니까?	사십니다	사십시오
하다	하십니까?	하십니다	하십시오
쉬다	쉬십니까?	쉬십니다	쉬십시오
만나다	만나십니까?	만나십니다	만나십시오
기다리다	기다리십니까?	기다리십니다	기다리십시오
읽다	읽으십니까?	읽으십니다	읽으십시오
앉다	앉으십니까?	앉으십니다	앉으십시오
받다	받으십니까?	받으십니다	받으십시오

	-(으)십니까?	-(으)십니다	-(으)십시오
자다(주무시다)	주무십니까?	주무십니다	주무십시오
먹다(잡수시다/드시다)	잡수십니까? 드십니까	잡수십니다 드십니다	잡수십시오 드십시오
마시다(드시다)	드십니까?	드십니다	드십시오
있다(계시다)	계십니까?	계십니다	계십시오

2. 1) 한국말을 공부합니다.   2) 양복을 입습니다.   3) 김치를 잡수십니까?   4) 택시를 타십니까?
   5) 숙제를 하십니까?   6) 할아버지께서 커피를 드십니다.   7) 아버지께서 신문을 읽으십니까?
   8) 부모님이 계십니다.   9) 이지영 선생님께서 한국말을 가르치십니다.

3. 1) 이름을 쓰십시오.   2) 잠깐만 기다리십시오.   3) 여기에 앉으십시오.   4) 많이 드십시오.
   5) 먼저 타십시오.   6) 매일 운동하십시오.   7) 쉬십시오.

제9과

1. 1) 도서관에 갑니다, 도서관, 책을 빌리러 갑니다.
   2) 공원에 갑니다, 공원, 사진을 찍으러 갑니다.
   3) 은행에 갑니다, 은행, 돈을 찾으러 갑니다.

2. 1) 서점에서　　2) 극장에서　　3) 빵집에서　　4) 시장에서　　5) 회사에서

3. 1) 다방(술집, 스타박스……)에서 친구를 만납니다.　　2) 식당에서 점심을 먹습니다.
　3) 가나다한국어학원에서 한국말을 배웁니다.　　4) 홍대입구역(용산역, 시청역……)에서 지하철을 탑니다.

4. 1) 스포츠센터에 갑니다. 스포츠센터에서 운동을 합니다.　　2) 약국에 갑니다. 약국에서 약을 삽니다.
　3) 공원에 갑니다. 공원에서 자전거를 탑니다.　　4) 식당에 갑니다. 식당에서 식사를 합니다.

제 10 과

2. 1) 육십팔　　2) 이천사백오　　3) 삼만 칠천구백이십일　　4) 칠천팔백　　5) 오백십육　　6) 십사만 육천칠백

3. 1) 유월 십일일　　2) 시월 십일　　3) 십일월 이십팔일

4. 1) 오백 원입니다.　　2) 팔백일 호입니다.　　3) 백삼십오 번 버스를 탑니다.　　4) 사 층입니다.
　5) 공일공에 삼이팔육에 구사오칠 번입니다.

5. 1) 시월 이십사일　　2) 이천사년 유월 십오일　　3) 팔천 원　　4) 이십삼만칠천 원
　5) 삼삼이에 육공공삼 번 (삼백삼십이 국에 육천삼 번)　　6) 공일공에 칠팔이일에 사오구삼　7) 이백십삼 쪽
　8) 이호선, 삼가역　　9) 백칠십팔 센티미터, 육십구 킬로그램　　10) 백칠 동 이천백사 호

복습　6과 ~ 10과

1. 1) 은　　2) 에서, 을　　3) 에서, 을　　4) 는, 가　　5) 께서(이), 에　　6) 이　　7) 을, 에　　8) 는(가)

2. 1) 있습니다.　　2) 신촌에　　3) 아닙니다.　　4) 한국에서　　5) 누구　　6) 몇 월

3. 1) 기다리십시오.　　2) 누가　　3) 마십니다.　　4) 읽으러　　5) 유월　　6) 주무십시오.

4. 1) 누구　　2) 누가　　3) 누구의　　4) 누구를　　5) 어디에　　6) 어디에서　　7) 몇 월 며칠
　8) 얼마　　9) 몇 번　　10) 몇 호선

제 11 과

1. 1) 시청역에서 내립니다.　　2) 한강 공원에 갑니다.　　3) 삼성 컴퓨터입니다.　　4) 어느 시장에 가십니까?
　5) 어느 나라 사람입니까?　　6) 어느 은행에서 일하십니까?　　7) 어느 선생님이 가르치십니까?

2. 1) 옆　　2) 위　　3) 밖　　4) 안　　5) 아래　　6) 앞

3. 1) 병원이 옷가게 옆에 있습니다. (경찰서 앞에 있습니다.)　　2) 식당 위에 미용실이 있습니다.
　3) 경찰서 뒤에 공원이 있습니다.　　4) 버스 정류장이 병원 앞에 있습니다.
　5) 옷가게가 식당(병원) 옆에 있습니다. (식당과 병원 사이에 있습니다.)　　6) 경찰서 옆에 은행이 있습니다.

4. 1) 사과가 있습니다. 배도 있습니다.　　2) 아버지가 잡니다. 아이도 잡니다.
　3) 선물을 줍니다. 꽃도 줍니다.(선물을 받습니다. 꽃도 받습니다.)　　4) 병원에 갑니다. 약국에도 갑니다.
　5) 책을 읽습니다. 신문도 읽습니다.

제 12 과

1.

	-(으)셨습니까?	-았/었습니다
가다	가셨습니까?	갔습니다
오다	오셨습니까?	왔습니다
타다	타셨습니까?	탔습니다
만나다	만나셨습니까?	만났습니다
배우다	배우셨습니까?	배웠습니다
가르치다	가르치셨습니까?	가르쳤습니다
일하다	일하셨습니까?	일했습니다
이야기하다	이야기하셨습니까?	이야기했습니다
읽다	읽으셨습니까?	읽었습니다
입다	입으셨습니까?	입었습니다
받다	받으셨습니까?	받았습니다
찾다	찾으셨습니까?	찾았습니다

	-(으)셨습니까?	-았/었습니다
먹다 (잡수시다/드시다)	잡수셨습니까? 드셨습니까?	먹었습니다
마시다 (드시다)	드셨습니까?	마셨습니다
자다 (주무시다)	주무셨습니까?	잤습니다
있다 (계시다)	계셨습니까?	있었습니다

2. 1) 봤습니다. 공부했습니다.　　2) 생일이었습니다. 했습니다.　　3) 먹었습니다. 마셨습니다.

   4) 오셨습니다. 드셨습니다.　　5) 탔습니다. 만났습니다.

3. 1) 자전거를 타러 갔습니다.　　2) 우리 집 근처에 있습니다.

   3) 네, 한강 공원에 사람들이 많이 있었습니다.　　4) 사람들이 공원에서 사진을 찍었습니다. 축구도 했습니다.

4. 1) 점심에 삼계탕을 먹었습니다.　　2) 일요일 오전에 테니스를 쳤습니다.　　3) 금년 1월에 한국에 왔습니다.

   4) 지난주에 영화를 봤습니다.　　5) 오늘 아침에 문자 메시지를 받았습니다.

   6) 지난 토요일에 친구를 만났습니다.　　7) 지난달 20일에 시험을 봤습니다.　　8) 어제 저녁에 맥주를 마셨습니다.

1. 1) 작습니다. (좁습니다.)   2) 큽니다. (무겁습니다.)   3) 비쌉니다.   4) 높습니다.   5) 피곤합니다.
   6) 예쁩니다.   7) 시끄럽습니다.   8) 재미없습니다.

2. 1) 바쁩니다.   2) 깨끗합니다.   3) 좋습니다.   4) 쌉니다.   5)아픕니다.

3. 1) 재미있습니다.   2) 좋지만, 비쌉니다.   3) 친절합니다. (쌉니다.)
   4) 키가 크고 날씬합니다. (친절하고 재미있습니다.)   5) 편리하고 쌉니다. (깨끗하고 편리합니다.)

4. 1) 어렵지만 재미있습니다.   2) 쉽고 재미있습니다.   3) 싸지만 불편합니다. (싸고 좋습니다.)
   4) 조금 피곤하지만 좋습니다.

5. 1) 머리도 아프고 배도 아픕니다.   2) 구경도 하고 차도 마셨습니다.
   3) 구두도 사고 과일도 샀습니다.   4) 얼굴도 예쁘고 날씬합니다.

2. 1) ㉣   2) ㉰   3) ㉯   4) ㉜   5) ㉡   6) ㉠   7) ㉱   8) ㉢

3. 1) 대, 두 대 있습니다.   2) 잔, 한 잔 마십니다.   3) 개, 여덟 개 샀습니다.
   4) 권, 열 권 읽었습니다.   5) 분, 네 분 계십니다.

4. 1) 두 병에 6,500원입니다.   2) 세 켤레에 5,000원입니다.   3) 한 대에 300,000원입니다.
   4) 다섯 개에 10,000원입니다.   5) 백 그램에 6,000원입니다.

5.

	-(스)ㅂ니다	-았/었습니다	-(으)십시오
만들다	만듭니다	만들었습니다	만드십시오
살다	삽니다	살았습니다	사십시오
알다	압니다	알았습니다	*****
팔다	팝니다	팔았습니다	파십시오
(전화를) 걸다	겁니다	걸었습니다	거십시오
멀다	멉니다	멀었습니다	*****
길다	깁니다	길었습니다	*****

6. 1) 신촌(인천, 하숙집, 이 근처……)에서 삽니다.   2) 비빔밥(불고기, 일본 음식, 빵……)를 잘 만드십니다.
   3) 한국 노래를 압니다.   4) 집이 멉니다.   5) 9시에 은행 문을 엽니다.   6) 자동차를 팔았습니다.

1. 1) 빵과 우유, 우유와 빵   2)고기와 생선, 생선과 고기   3) 연필과 지우개, 지우개와 연필
   4) 텔레비전과 컴퓨터, 컴퓨터와 텔레비전   5) 양복과 구두, 구두와 양복   6) 아버지와 아들, 아들과 아버지

7) 선풍기와 에어컨, 에어컨과 선풍기

2. 1) 주스와 맥주를 샀습니다./주스하고 맥주를 샀습니다.

   2) 5일과 20일에 약속이 있습니다./15일하고 20일에 약속이 있습니다.

   3) 경복궁과 인사동에 갔습니다./경복궁하고 인사동에 갔습니다.

   4) 할아버지와 할머니가 계십니다./할아버지하고 할머니가 계십니다.

   5) 홍대입구와 용산에 있습니다./홍대입구하고 용산에 있습니다.

3.

	-(으)시겠습니까?	-겠습니다
기다리다	기다리시겠습니까?	기다리겠습니다
쉬다	쉬시겠습니까?	쉬겠습니다
입다	입으시겠습니까?	입겠습니다
받다	받으시겠습니까?	받겠습니다
만들다	만드시겠습니까?	만들겠습니다
먹다(잡수시다)	잡수시겠습니까?	먹겠습니다
자다(주무시다)	주무시겠습니까?	자겠습니다

4. 1) 비빔밥(불고기, 냉면⋯⋯)을 먹겠습니다.   2) 여행을 하겠습니다. (쇼핑을 하겠습니다.⋯⋯)

   3) 앉겠습니다.   4) 가방(모자, 구두⋯⋯)을 사겠습니다.   5) 저녁에 다시 전화하겠습니다.

5. 1) 다음 주에 친구를 안내하겠습니다.

   2) 인사동하고 경복궁하고 이태원을 구경하겠습니다. 그리고 인사동의 한식집 '고향'에서 저녁을 먹겠습니다.

   3) 설악산에서 2일 여행하겠습니다.   4) 10월 8일 오전에 박물관에 가겠습니다.

복습   11과 ~ 15과

1. 1) 가, 에   2) 도   3) 에, 에   4) 에   5) 에서, 와, 을   6) 에, 이   7) 에, 에도

2. 1) ⑩   2) ⑬   3) ㉒   4) ⑨   5) ㉮   6) ㉯   7) ㉗   8) ㉕   9) ⑪   10) ㉛

3. 1) 네 병, 여섯 병   2) 다섯 잔   3) 두 대, 한 대   4) 여덟 개, 네 개, 일곱 개   5) 열 송이, 아홉 송이

   6) 서른네 살, 스물아홉 살   7) 세 벌, 다섯 켤레   8) 두 번   9) 열여섯 분, 스물여덟 분

   10) 세 그릇, 한 그릇

4. 어제 전주식당에 식사하러 갔습니다. 전주식당은 서울호텔 옆에 있습니다.

   그 식당에서 갈비하고 비빔냉면을 먹었습니다. 만두도 먹었습니다.

   맵지만 맛있었습니다. 전주식당은 싸고 깨끗했습니다. 내일도 그 식당에 다시 가겠습니다.

제 **16** 과

1. 1) 두 시 이십 분   2) 세 시 오 분   3) 다섯 시 사십오 분   4) 여덟 시 오십 분(아홉 시 십 분 전)

   5) 일곱 시 오십오 분(여덟 시 오 분 전)   6) 열 시 삼십오 분   7) 아홉 시 사십 분   8) 열한 시 십오 분

2. 1) 드라마가 열 시 십오 분에 시작합니다.   2) 두 시 삼십 분에 회의가 끝납니다.

   3) 비행기가 네 시 사십오 분에 출발합니다.   4) 아홉 시에 은행 문을 엽니다.

   5) 열 시 오십 분에 이메일을 보냅니다.

3. 저는 아침 7시 30분에 일어납니다. 8시에 아침을 먹습니다.

   9시에 출근을 합니다. 오후 5시 30분에 퇴근을 합니다.

   6시에 테니스를 칩니다. 9시에 텔레비전을 봅니다. 11시 20분에 잡니다.

제 **17** 과

1. 1) 7월 15일부터 8월 25일까지 여름 방학입니다.   2) 10시부터 1시까지 한국말을 배웁니다.

   3) 지하 1층부터 지하 3층까지 주차장입니다.   4) 지난 수요일부터 이번 화요일까지 부산에 출장을 갔습니다.

   5) 2008년 1월부터 2009년 6월까지 제주도에서 살았습니다.

2. 1) 3일 전에 남대문 시장에 갔습니다.   2) 2달 전에 가방을 샀습니다.   3) 30분 전에 출발했습니다.

   4) 결혼 전에 부산에서 살았습니다.   5) 수업 전에 커피를 마셨습니다.

3. 1) 서울에 오기 전에 홍콩에서 일했습니다.   2) 10시부터 1시까지 한국말을 공부합니다.

   3) 회사에 가기 전에 점심을 먹습니다.   4) 오후 2시부터 7시까지 회사에서 일합니다.

   5) 토요일에는 아침을 먹기 전에 운동을 합니다.

4. 1) 손님이 오시기 전에 음식을 만듭니다.   2) 자기 전에 일기를 씁니다.   3) 회의를 하기 전에 복사합니다.

   4) 밥을 먹기 전에 손을 씻습니다.   5) 시험을 보기 전에 공부합니다.

제 **18** 과

1. 1) 1주일 후에 방학이 시작됩니다.   2) 퇴근 후에 한국말을 배웁니다.   3) 3년 후에 결혼을 하겠습니다.

   4) 식사 후에 차를 마시겠습니다.   5) 한국에 온 후에 한국말을 처음 배웠습니다.

   6) 수업이 끝난 후에 아르바이트를 합니다.   7) 저녁을 먹은 후에 영화를 봅시다.

   8) 문을 연 후에 청소를 하십시오.

2.

	-ㅂ시다		-읍시다
가다	갑시다	앉다	앉읍시다
타다	탑시다	먹다	먹읍시다
쉬다	쉽시다	읽다	읽읍시다
만나다	만납시다	씻다	씻읍시다

마시다	마십시다	받다	받읍시다
구경하다	구경합시다	찍다	찍읍시다
이야기하다	이야기합시다	만들다	만듭시다

3. 1) 쉽시다. (벤치에 앉읍시다.)　　2) 같이 공부합시다.　　3) 같이 갑시다.　　4) 다음 주에 만납시다.
   5) 청소합시다.

4. 수업이 끝난 후에 점심을 먹었습니다. 점심을 먹은 후에 커피숍에서 커피를 마셨습니다. 그리고 돈을 찾으러 은행에 갔습니다. 돈을 찾은 후에 서점에서 책을 샀습니다. 그리고 저녁 7시에 집에 갔습니다. 집에 돌아간 후에 숙제를 했습니다.

제 19 과

1. 1) 지금 편지를 쓰지 않습니다.　　2) 한국 신문을 읽지 않습니다.　　3) 집에서 음식을 만들지 않습니다.
   4) 저 가게에서 옷을 팔지 않습니다.　　5) 어제 청소를 하지 않았습니다.
   6) 지난주에 시험을 보지 않았습니다.　　7) 도서관에 공부하러 가지 않았습니다.
   8) 내일 이메일을 보내지 않겠습니다.　　9) 이번 주에 약속이 많지 않습니다.　　10) 우리 집이 크지 않습니다.
   11) 오늘 교통이 복잡하지 않습니다.　　12) 어제 날씨가 좋지 않았습니다.　　13) 한국말을 모릅니다.
   14) 오늘은 휴일이 아닙니다.　　15) 한국 친구가 없습니다.

2. 1) 한국 노래를 좋아하기 때문에 한국말을 배웁니다.　　2) 오후에 친구가 서울에 오기 때문에 공항에 갑니다.
   3) 고향이 시골이기 때문에 시골에 친구가 많습니다.　　4) 값이 비싸기 때문에 사지 않습니다.
   5) 하숙집에 외국인이 많기 때문에 재미있습니다.　　6) 한국말을 잘 모르기 때문에 한국 신문을 읽지 않습니다.
   7) 비빔밥이 맵지 않기 때문에 자주 먹습니다.　　8) 점심을 먹지 않았기 때문에 배가 고픕니다.

3. 1) 시간이 없습니다. 일을 하기 때문에(아르바이트를 하기 때문에) 시간이 없습니다.
   2) 김밥을 먹습니다. 싸기 때문에(시간이 없기 때문에) 김밥을 먹습니다.
   3) 비빔냉면을 먹지 않습니다. 맵기 때문에 비빔냉면을 먹지 않습니다.
   4) 운동을 하지 않습니다. 바쁘기 때문에(피곤하기 때문에) 운동을 하지 않습니다.
   5) 파티에 가지 않습니다. 약속이 있기 때문에 파티에 가지 않습니다.

제 20 과

1. 1) 무슨 음식을 먹었습니까?　　2) 무슨 운동을 좋아하십니까?　　3) 그분은 무슨 일을 합니까?
   4) 무슨 옷을 입었습니까?　　5) 무슨 요일에 학원에 가지 않습니까?　　6) 무슨 차를 드시겠습니까?
   7) 무슨 프로그램을 자주 보십니까?　　8) 무슨 영화를 보셨습니까?

2.

	안 -(스)ㅂ니다	-지 않습니다
가다	안 갑니다	가지 않습니다

먹다	안 먹습니다	먹지 않습니다
만들다	안 만듭니다	만들지 않습니다
* 공부하다	공부(를) 안 합니다	공부하지 않습니다
* 운전하다	운전(을) 안 합니다	운전하지 않습니다
크다	안 큽니다	크지 않습니다
왔다	안 왔습니다	오지 않았습니다
* 대답했다	대답(을) 안 했습니다	대답하지 않았습니다
열었다	안 열었습니다	열지 않았습니다
좋았다	안 좋았습니다	좋지 않았습니다
쓰겠다	안 쓰겠습니다	쓰지 않겠습니다
찍겠다	안 찍겠습니다	찍지 않겠습니다
* 여행하겠다	여행(을) 안 하겠습니다	여행하지 않겠습니다

3. 1) 소주를 안 마십니다.   2) 요즘 운동을 안 합니다.   3) 어제 뉴스를 안 봤습니다.

   4) 아침에 회의를 안 했습니다.   5) 이번 휴가에 여행을 안 가겠습니다.   6) 머리가 안 아픕니다.

   7) 집이 여기에서 안 멉니다.

4. 1) 저는 닭고기를 좋아합니다. 제 동생은 닭고기를 싫어합니다.

   2) 우리 어머니는 음악을 좋아하십니다. 우리 아버지는 음악을 싫어하십니다.

   3) 저는 야구를 좋아합니다. 제 아내는 야구를 싫어합니다.

   4) 저는 쇼핑을 좋아합니다. 제 남자 친구는 쇼핑을 싫어합니다.

   5) 제 남편은 요리하기를 좋아합니다. 저는 요리하기를 싫어합니다.

복습   16과 ~ 20과

1. 1) 에   2) 에   3) 마다   4) 에, 에   5) 을   6) 부터, 까지   7) 에, 에

2. 1) 십 분   2) 먹기 전에   3) 본 후에   4) 마시지 맙시다.   5) 공부를 안 합니다.   6) 마셨기 때문에

   7) 요리를   8) 먹지 않았습니다.

3. 1) 많이   2) 좀   3) 잘, 잘   4) 보통   5) 아주   6) 요즘   7) 자주

4. 1) 언제   2) 왜   3) 누가   4) 몇   5) 어느   6) 무슨

제 21 과

1. 1) 미영 씨와 같이 사진을 찍었어요.   2) 가족과 같이 한국에 왔어요.   3) 아들과 함께 만화 영화를 봤어요.

   4) 동료들하고 술을 마셔요.   5) 주말에 아이는 아빠하고 놀아요.   6) 삼겹살은 상추하고 같이 먹어요.

   7) 부모님과(하고) 같이 살아요.

2.

	-아/어요	-(으)세요	-았/었어요
오다	와요	오세요	왔어요
자다	자요	주무세요	잤어요
보다	봐요	보세요	봤어요
찾다	찾아요	찾으세요	찾았어요
알다	알아요	아세요	알았어요
먹다	먹어요	잡수세요/드세요	먹었어요
빌리다	빌려요	빌리세요	빌렸어요
만들다	만들어요	만드세요	만들었어요
배우다	배워요	배우세요	배웠어요
가르치다	가르쳐요	가르치세요	가르쳤어요
마시다	마셔요	드세요	마셨어요
식사하다	식사해요	식사하세요	식사했어요
있다	있어요	계세요	있었어요
비싸다	비싸요	****	비쌌어요
좋다	좋아요	좋으세요	좋았어요
멀다	멀어요	****	멀었어요
친절하다	친절해요	친절하세요	친절했어요

3. 1) 안녕하세요?   2) 안녕히 계세요.   3) 많이 드세요.   4) 가족과 같이 살지 않아요.
   5) 영어를 조금 알아요.   6) 이번 주에는 약속이 없어요.   7) 서울 교통이 복잡해요.   8) 불고기가 맛있어요.
   9) 한국 음식을 좋아하세요?   10) 생일에 뭘 받으셨어요?   11) 아프지만 약을 먹지 않았어요.
   12) 오늘 저녁에는 무엇을 만들겠어요?   13) 지금 몇 시예요?   14) 이름이 무엇이에요?
   15) 저는 중국 사람이 아니에요.

4. 1) 월요일(화요일……)이에요.   2) 3시가 아니에요.   3) 지난달 25일(지난주 토요일……)이 생일이었어요.
   4) 백화점(극장, 친구집……)에 가요.   5) 점심에 비빔밥을 먹지 않았어요.   6) 내일 아침에 다시 전화하겠어요.
   7) 칼국수(스파게티, 일본 음식……)를 먹겠어요.   8) 신촌(수원, 학원 근처, 하숙집……)에서 살아요.
   9) 은행에서 일하지 않아요.   10) 한국 생활이 재미있어요.

제 22 과

1. 1) 점심에 칼국수를 먹을까요? 네, 칼국수를 먹읍시다. 아니요, 칼국수를 먹지 맙시다.
   2) 택시를 탈까요? 네, 택시를 탑시다. 아니요, 택시를 타지 맙시다.
   3) 저기에서 사진을 찍을까요? 네, 사진을 찍읍시다. 아니요, 사진을 찍지 맙시다.

4) 토요일에 뭘 할까요? 쇼핑을 합시다.

2. 1) 먹읍시다. 먹을까요? 먹읍시다.　　2) 삽시다. 살까요? 삽시다.　　3) 봅시다. 볼까요? 봅시다.

　　4) 탑시다. 갈까요? 갑시다.　　5) 쇼핑합시다. 만날까요? 만납시다.　　6) 공부합시다. 공부할까요? 공부합시다.

3. 1) 목욕을 하고 자요.　　2) 일을 하고(일을 끝내고) 쉬세요.　　3) 손을 씻고 빵을 먹어요.

　　4) 식사하고 노래방에 갈까요?　　5) 대학교를 졸업하고 결혼했어요.　　6)화장을 하고 옷을 입어요.

제 23 과

1. 1) 넥타이를 주려고 합니다.　　2) 12시 30분에 점심을 먹으려고 합니다.　　3) 누구와 같이 놀러 가려고 합니까?

　　4) 어디에서 친구를 만나려고 합니까?　　5) 무엇을 만들려고 합니까?

2. 여행을 하려고 해요. 부산에 가려고 해요. KTX를 타려고 해요.

　　수영도 하려고 해요. 파전도 먹으려고 해요. 사진도 많이 찍으려고 해요.

3. 1) 팥빙수를 먹고 싶어요./팥빙수를 먹고 싶지 않아요.　　2) 등산을 하고 싶어요./등산을 하고 싶지 않아요.

　　3) 삼계탕을 먹고 싶어요./삼계탕을 먹고 싶지 않아요.　　4) 여행을 하고 싶어요.

　　5) 데이트를 하고 싶어요.　　6) 열심히 공부하고 싶어요.

4. 1) 결혼한 후에 고향에서 살고 싶지 않아요.　　2) 운동을 하고 싶지만 시간이 없어요.

　　3) 한국말도 배우고 싶고 여행도 하고 싶어요. (한국 친구도 만나고 싶고 한국 음식도 많이 먹고 싶어요.)

　　4) 주말에 친구들하고 놀고 싶었지만 바쁘기 때문에 만나지 않았어요.

　　5) 같이 가고 싶지만 시간이 없어요.

　　6) 한국 친구를 많이 만나고 싶기 때문에(한국에서 일하고 싶기 때문에) 한국말을 배워요.

제 24 과

1. 1) 아니요, 책을 읽고 있지 않아요. 자고 있어요.　　2) 아니요, 주스를 마시고 있지 않아요. 김밥을 먹고 있어요.

　　3) 아니요, 전화를 하고 있지 않아요. 음악을 듣고 있어요.

　　4) 아니요, 공부하고 있지 않아요. 친구와 이야기하고 있어요.

　　5) 아니요, 편지를 쓰고 있지 않아요. 신문을 읽고 있어요.

2. 1) 회사와 중학교에서 중국말을 가르치고 있어요.　　2) 북한산 근처에서 살고 있어요.

　　3) 한국말을 배우고 있어요.　　4) 전화를 하고 있어요.　　5) 여자 친구의 스웨터를 사고 있어요.

　　6) 아주머니가 거울을 보고 있어요.

3. 1) ① 네, 그렇습니다.　　② 마리노 씨 계십니까?　　③ 아니요, 지금 안 계십니다. 조금 전에 퇴근하셨습니다.

　　　 ④ 알겠습니다.

　　2) ① 아니요, 잘못 거셨습니다.　　② 3852-2948 아닙니까?　　③ 아닙니다. 3852-2848입니다.　　④ 죄송합니다.

제 **25** 과

1. 1) 운전을 할 수 있어요. 운전을 할 수 없어요.

 2) 한글을 읽을 수 있어요. 한글을 읽을 수 없어요.   3) 스키를 탈 수 있어요. 스키를 탈 수 없어요.

 4) 이메일을 보낼 수 있어요. 이메일을 보낼 수 없어요.

 5) 한국 음식을 만들 수 있어요. 한국 음식을 만들 수 없어요.   6) 기타를 칠 수 있어요. 기타를 칠 수 없어요.

2. 1) 일어날 수 있어요.   2) 혼자서 먹을 수 없어요.   3) 들 수 없어요.   4) 갈 수 있어요.

 5) 과일을(생선을, 야채를 ……) 살 수 있어요.   6) 숙제를 할 수 없었어요.   7) 갈 수 없기 때문에

 8) 칠 수 있고, 탈 수 있어요.

3. 1) 문을 닫을까요? 네, 문을 닫으세요.   2) 에어컨을 켤까요? 네, 에어컨을 켜세요.

 3) 이 바지를 입을까요? 아니요, 바지를 입지 마세요.   4) 무슨 노래를 부를까요? 한국 노래를 부르세요.

 5) 몇 시에 다시 전화할까요? 1시간 후에 다시 전화하세요.

4. 1) 여기에서 사진을 찍지 마세요.   2) 여기에 주차하지 마세요.   3) 여기에서 수영하지 마세요.

 4) 여기에서 낚시하지 마세요.   5) 여기에서 휴대폰을 사용하지 마세요.(전화하지 마세요.)

복습 21과 ~ 25과

1. 1) 친구와 같이   2) 만들까요?   3) 가르치고 있지 않아요.   4) 먹을 수 없어요.

 5) 배우고 싶어요.   6) 먹으려고 해요.   7) 치지 맙시다.   8) 사고 싶었어요.

2. 1) 만들 수 없어요.   2) 지난 주말에 부산에 갔어요.   3) 지금은 결혼하고 싶지 않아요.

 4) 지금 배우고 있어요.   5) 안동에도 가고 싶어요.

3. 안녕하세요? 수지예요. 왔어요. 살고 있어요. 하나예요. 사람이에요. 아니에요.

 살지 않아요. 살아요. 보고 싶어요. 배워요. 재미있어요. 배우려고 해요. 구경했어요. 있었어요. 가고 싶어요.

제 **26** 과

1.

	-(스)ㅂ니다	-아/어요	-았/었어요
쓰다	씁니다	써요	썼어요
끄다	끕니다	꺼요	껐어요
크다	큽니다	커요	컸어요
바쁘다	바쁩니다	바빠요	바빴어요
아프다	아픕니다	아파요	아팠어요
나쁘다	나쁩니다	나빠요	나빴어요
예쁘다	예쁩니다	예뻐요	예뻤어요

2. 1) 나빠요.   2) 아프고, 아팠어요.   3) 바빴지만, 바쁘지   4) 예쁘고, 예뻐요.   5) 크지, 커요.

 6) 쓰세요.   7) 기뻤어요.

3. 1) 운동을 잘 하지 못해요. / 운동을 잘 못 해요.   2) 편지를 쓰지 못했어요. / 편지를 못 썼어요.

   3) 여행을 자주 가지 못해요. 자주 못 가요? 바쁘기 때문에 자주 못 가요.

   4) 시험을 잘 보지 못했어요. 잘 못 봤어요? 어렵기 때문에 잘 못 봤어요.

제 27 과

1. 1) 여자 친구한테 꽃을 주려고 해요.   2) 사장님한테(사장님께) 이메일을 보냈어요.

   3) 선배한테 이야기를 했어요.   4) 사무실에 연락하려고 합니다.   5) 대사관에 전화했어요.

   6) 정 선생님한테서 한국말을 배우고 있어요.   7) 후배한테서 책을 빌렸어요.

   8) 이리나 씨한테서 들었어요.   9) 일본에서 소포가 왔어요.   10) 친구들한테서 선물을 받았어요.

2. 1) 친구한테서 한국말을 배워요.   2) 집에서 전화가 왔어요.   3) 학생한테 질문했어요.

   4) 회사에서 돈을 받았어요.   5) 애인한테 메시지를 보냈어요.

3. 1) 저만 왔어요.   2) 조금만 넣으세요.   3) 한 번만 잡수세요.   4) 2인분만 시킵시다.(시키세요.)

   5) 남편한테만 했어요.   6) 학원에서만 한국말을 써요.   7) 오전에만 공부해요.

제 28 과

1. 1) 가위로   2) 전화로   3) 이메일로   4) 기차로   5) 볼펜으로   6) 신용카드로   7) 비누로

   8) 지하철로

2.

	-(스)ㅂ니다	-아/어요	-았/었어요
듣다	듣습니다	들어요	들었어요
묻다	묻습니다	물어요	물었어요
걷다	걷습니다	걸어요	걸었어요
*닫다	닫습니다	닫아요	닫았어요
*받다	받습니다	받아요	받았어요

3. 1) 걸으세요? 걷지   2) 들으셨어요? 들었어요. 듣고   3) 걸을, 걷고, 걸어요.   4) 들으세요. 들은

   5) 묻지, 물어요.

4. 1) 오후 7시쯤 도착할 수 있어요.   2) 4만 원쯤 있어요.   3) 두 번쯤 고향에 가요.

   4) 30분쯤 후에 약을 먹습니다.   5) 1시간쯤 걸려요.   6) 5명쯤 있어요.   7) 6개월쯤 배웠어요.

   8) 주말쯤 만납시다.

제 29 과

1. 1) 지하철 2호선을 타십시오. 교대역에서 3호선으로 갈아타십시오.

   2) 지하철 3호선을 타십시오. 충무로역에서 4호선으로 갈아타십시오.

3) 지하철 1호선을 타십시오. 종로 3가역에서 3호선으로 갈아타십시오.

   (지하철 4호선을 타십시오. 충무로역에서 3호선으로 갈아타십시오.)

4) 지하철 2호선을 타십시오. 시청역에서 1호선으로 갈아타십시오.

2. 1) 저는 술을 마시면 노래를 합니다.   2) 저는 밤에 잠이 오지 않으면 텔레비전을 봅니다.

   3) 저는 비행기를 타면 음악을 듣습니다.   4) 저는 손님이 오시면 비빔밥을 만듭니다.

   5) 저는 부모님이 보고 싶으면 전화를 합니다.

3. 1) 천만 원이 있으면 자동차를 사겠습니다.   2) 내일 비가 오지 않으면 다 같이 공원에 갑시다.

   3) 시간이 없으면 이 일을 하지 마십시오.   4) 바쁘지 않으면 저와 같이 남대문시장에 가시겠어요?

   5) 지금 출발하면 부산에 3시간 후에 도착합니다.   6) 학교를 졸업하면 무엇을 하려고 합니까?

   7) 지금 집에 가면 누가 있어요?

제 30 과

1. 1) 카레라이스나 볶음밥을 만들 수 있어요.   2) 설악산이나 제주도에 가려고 합니다.

   3) 영어나 스페인어를 사용해요.   4) 토요일이나 일요일에 만납시다.

   5) 팩스나 이메일로 연락합니다.   6) 명동이나 인사동에서 선물을 삽니다.

   7) 버스나 지하철로 와요.   8) 한국 요리나 태권도를 배우고 싶어요.

2. 1) 목욕을 하거나 잡니다.   2) 술을 마시거나 영화를 보려고 합니다.

   3) 텔레비전을 보거나 인터넷을 합니다.(이메일을 보냅니다.)   4) 산책을 하거나 자전거를 탑니다.

   5) 테니스를 치거나 수영을 합니다.

복습   26과 ~ 30과

1. 1) 회사에   2) 친구에게서(친구한테서)   3) 썼어요.   4) 걸었습니다.   5) 아래로

   6) 공부 못 했어요.(공부하지 못했어요.)   7) 젓가락으로   8) 칠 수 없어요.(치지 못해요.)

   9) 한국말만   10) 만나지 맙시다.   11) 계십니다.   12) 만드십시오.

2. 1) 얼굴도 예쁘고 키도 큽니다.   2) 시간이 없기 때문에 택시를 탔습니다.

   3) 방학에는 여행을 하거나 컴퓨터를 배우려고 합니다.   4) 김치가 맵지만 맛있습니다.

   5) 오른쪽으로 가면 지하철역이 있습니다.

3. 1) 가   2) 마다, 이   3) 와(하고)   4) 나, 에   5) 에서   6) 를   7) 에게서(한테서), 과(하고), 를
   8) 는, 이   9) 에, 에게(한테)   10) 으로   11) 도, 도   12) 에   13) 로   14) 부터, 까지   15) 만